AF337048

ERRATA

—

Page 87, ligne 7. *Supprimez*, seule.
— 137, — 21. *Au lieu de la phrase commençant par les mots :*
Les Romains, etc., *lisez :* Les Romains n'ont pas
voulu qu'un retard fortuit ou arbitraire de
l'adition pût permettre à quelqu'un d'acquérir
une hérédité.
— 146, — 24. *Au lieu de :* la loi nouvelle exige toujours une
dispense, *lisez :* la loi nouvelle, au contraire,
exige, pour qu'il y ait rapport, une volonté formellement exprimée en ce sens.

ESSAI

NON-RÉTROACTIVITÉ

DES LOIS

CORBEIL. — Typ. et stér. de CRÉTÉ.

ESSAI

SUR LA

NON-RÉTROACTIVITÉ

DES LOIS

PAR

MILTIADE C. THÉODOSIADÈS

DOCTEUR EN DROIT

PARIS

ABEL PILON, ÉDITEUR

RUE HAUTEFEUILLE, 1 BIS

1866

A MESSIEURS

CH. DEMANGEAT ET J. ÉM. LABBÉ

PROFESSEURS A LA FACULTÉ DE DROIT DE PARIS

Hommage de reconnaissance et d'affectueuse estime,

MILT. C. THÉODOSIADÈS.

PARIS, ce 22 *juin* 1866.

PRÉFACE

Les principes les plus évidents et les plus élémentaires sont ceux dont la démonstration et l'exacte délimitation présentent le plus de difficulté.

L'étude à laquelle nous nous sommes livré sur le grand principe de la Non-rétroactivité des lois, nous a fourni la preuve de cette vérité : rien n'apparaît avec plus d'évidence que ce principe, qu'une loi, qui n'est qu'une règle de conduite, ne peut obliger que pour l'avenir ; et cependant on verra qu'il n'est peut-être pas de règle plus difficile à bien interpréter. Ces difficultés ne nous étaient pas inconnues, lorsque nous avons entrepris ce travail : aussi ne l'avons-nous fait qu'avec une grande hésitation. Nous sentions qu'il appelait de lui-même un esprit plus habitué aux finesses de la dialectique, une main plus sûre, un œil plus pénétrant ; mais, enfant d'un pays où une grande révolution vient de s'opérer dans le domaine des lois, nous avons pressenti que, chaque jour, de grands intérêts allaient être engagés dans la solution des questions que nous examinons ici ; et quelle que soit notre faiblesse, enhardi par un sentiment d'amour pour nos compatriotes, heureux de chercher à leur être utile, nous avons du moins voulu tenter cette tâche difficile. Puissions-nous avoir réussi à jeter quelque jour sur ces questions si délicates : notre intention nous servira du moins d'excuse auprès de ceux qui, après avoir pris connaissance de cet écrit, seraient disposés à nous reprocher d'avoir entrepris un travail trop au-dessus de nos forces.

INTRODUCTION

DE LA PROMULGATION ET DE LA PUBLICATION DES LOIS.

On a proposé un grand nombre de définitions de la *loi* : celle à laquelle nous nous arrêterons émane de M. Demolombe : « La loi, dit-il (1), est une règle éta- « blie par l'autorité qui, d'après la constitution politi- « que, a le pouvoir de commander, de défendre ou de « permettre dans toute l'étendue de l'État. »

La loi a pour objet les personnes et les choses. Elle a pour but le gouvernement de la société, le règlement des rapports des personnes entre elles et des personnes avec les choses, et la protection de tous les intérêts.

De qui doit-elle émaner ? La réponse à cette question se trouve dans la constitution de chaque peuple, et nous ne voulons pas rechercher ici quel est, en raison pure, le meilleur dépositaire de la puissance législative. Disons seulement que la Constitution du 14 janvier 1852 pour la France accorde à l'Empereur, et n'accorde qu'à lui seul, l'initiative des lois (art. 3), et qu'elle déclare dans son article 4 que « la puissance législative s'exerce « collectivement par l'Empereur, le Sénat et le Corps « Législatif. » Dans ce système, la loi proposée par l'Em-

(1) Tom. 1, n° 2.

pereur, adoptée et votée par le Corps Législatif, visée par le Sénat comme n'étant pas contraire et ne portant pas atteinte « à la constitution, à la religion, à la mo- « rale, à la liberté des cultes, à la liberté individuelle, « à l'égalité des citoyens devant la loi, à l'inviolabilité « de la propriété et au principe de l'inamovibilité de « la magistrature » (art. 25 de la Constitution), et aussi comme incapable « de compromettre la défense du « territoire » (même art. 26), a besoin encore d'être sanctionnée par la volonté impériale (art. 10 de la Constitution). Elle est ensuite promulguée par l'Empereur et publiée par ses ordres.

Nous ne rechercherons pas les formes dans lesquelles un projet de loi doit être soumis au Corps Législatif, ni celles dans lesquelles cette assemblée est appelée à l'examiner et à le voter ; cela importe peu à notre sujet : nous n'avons non plus rien à dire du visa que le Sénat doit lui donner, ni de la sanction impériale.

Mais si ces questions sortent de notre sujet, il n'en est pas de même de celles que soulèvent la promulgation et la publication des lois. Tout notre travail ayant pour objet la détermination de la loi applicable au cas du conflit de deux ou plusieurs lois successives sur une même matière, il convient que nous précisions le moment où ce conflit commence à exister, c'est-à-dire que nous devons déterminer l'époque à laquelle la loi nouvelle commence à être exécutoire.

Une loi, n'étant qu'une règle de conduite, ne peut pas obliger avant d'être connue ; la raison nous conduirait donc à dire que la loi ne deviendra exécutoire pour chacun des citoyens qu'au jour où personnellement il aura eu connaissance des dispositions qu'elle renferme; mais on comprend qu'il est impossible d'admettre les citoyens à prétexter leur ignorance de la loi pour en éviter les prohibitions ou les ordres; et, d'autre part, il est aussi impossible de porter chaque loi dans son ensemble, comme dans ses détails, à la connaissance de tous.

En face de ces deux impossibilités dont la première exprime une nécessité sociale, celle de l'application la plus prompte possible de la loi nouvelle, il a bien fallu s'en référer à des présomptions, prendre les moyens supposés les plus propres à répandre la connaissance de la loi, et mettre ainsi tous les citoyens en demeure de s'informer des dispositions qu'elle porte, pour que, une fois ces diverses formalités remplies, tous soient réputés la connaître et soumis à l'obligation de s'y conformer. Sous la loi du 14 frimaire an II, ces formalités, qui composent la publication de la loi, consistaient en proclamation et affiches faites à son de trompe et de tambour. Aujourd'hui l'article 1er fait résulter la publication de l'expiration d'un délai à partir de la promulgation. Nous devons donc nous occuper de celle-ci, pour fixer le point de départ du délai dont l'expiration suffit à la publication de la loi : l'article 37 de la Constitution du 22 frimaire an VIII fixait l'époque de la promulgation au dixième jour après le vote du Corps Législatif; ce vote solennel et rendu public par les discussions qui le précédaient, apprenait au pays que dix

jours après celui où il avait été émis, la loi qu'il avait
pour objet serait promulguée, et que cette promulgation ferait courir le délai de la publication. Ce système,
qui imposait au chef du gouvernement de promulguer
à jour fixe, se concevait alors que ce chef n'avait pas à
donner de sanction à la loi votée par le Corps Législatif.
Mais ce système devint impraticable lorsque le projet
de loi déjà voté par les Chambres eut besoin, pour être
une loi parfaite, d'être sanctionné par le chef du gouvernement. Aussi les Chartes de 1814 et de 1830 et
la Constitution de 1852 n'ont pas maintenu pour le
pouvoir exécutif cette nécessité de la promulgation,
nécessité qui était une garantie de publicité réelle de la
loi nouvelle. Les lois votées sous l'empire de la Charte
de 1814 n'étaient donc promulguées que lorsqu'il plai-
sait au roi, après une délibération d'une durée variable,
de les sanctionner sans qu'aucune forme particulière
fût imposée pour cette promulgation.

On comprit bien vite que cette situation ne pouvait
durer; aussi les ordonnances des 27 novembre 1816 et
18 janvier 1817 vinrent-elles essayer de la modifier;
mais elles ne crurent pas convenable de fixer un délai
dans lequel, ou à l'expiration duquel, la sanction et,
par suite, la promulgation dussent intervenir; renonçant à rendre publique la promulgation au moment
même où elle se réalise, et à faire servir sa date de
point de départ au délai de la mise à exécution, elles
ont assez arbitrairement choisi et déterminé un nouveau point de départ.

Ces ordonnances sont encore celles qui régissent la

France, et, depuis elles, les lois doivent être publiées par leur insertion au *Bulletin des lois*. Ce *Bulletin* est envoyé au chancelier ministre de la justice, qui en constate la réception sur un registre particulier. Dans la pratique, la date de cette réception est à l'avance imprimée sur le bulletin qui contient le texte des lois.

C'est la date de cette réception qui fait courir le délai de la mise en vigueur, et nous croyons qu'elle seule peut avoir cet effet; en sorte que si, par une erreur quelconque, cette réception n'avait pas eu lieu, la loi ne serait pas régulièrement publiée et ne serait pas dès lors exécutoire.

Nous avons déjà dit que la publication résulte de l'expiration d'un simple délai dont nous venons de fixer le point de départ; il nous reste à parler de ce délai et des difficultés que soulève sa détermination précise.

Ce délai n'ayant d'autre but que de laisser la loi se répandre et gagner de proche en proche toutes les parties du territoire, on a dû fixer, pour éviter toutes difficultés, la vitesse avec laquelle serait réputée se faire cette diffusion.

L'ordonnance de 1816 renvoie sur ce point à l'article 1er du Code Napoléon, et celui-ci accorde un jour, mais (avis du conseil d'État du 24 février 1817) un jour franc, pour le département de la résidence royale (c'est-à-dire Paris), et pour les autres départements, ce même jour « augmenté d'autant de jours qu'il y aura « de fois dix myriamètres (environ 20 lieues anciennes) « entre la ville où la promulgation a été faite et le chef- « lieu de chaque département. »

Une difficulté a été soulevée sur le point de savoir quelle serait sur la détermination des délais nécessaires à la publication, l'influence des fractions de 10 myriamètres trouvées dans les distances de Paris aux chefs-lieux des départements. Il a été soutenu que l'article 1er du Code Napoléon, ayant fixé à 10 myriamètres le maximum de la distance que la loi peut parcourir en un jour, il ne serait pas conforme à sa pensée de ne donner qu'un jour pour 12 ou 13 myriamètres, et qu'il faut en conséquence en donner deux. C'est en ce sens, du moins on le prétend, que l'article 1er du Code Napoléon a été interprété par une ordonnance du 7 juillet 1824. — Mais nous préférons, comme plus conforme au texte, l'opinion qui accorde un jour par 10 myriamètres, et qui ne tient pas compte des fractions de dizaine. Le législateur a sans doute pensé qu'un jour suffisait pour la propagation de la connaissance de la loi depuis 10 myriamètres jusqu'à 20 myriamètres exclusivement. Cette interprétation a été suivie dans un sénatus-consulte du 15 brumaire an XIII, et l'ordonnance de 1824 n'y est pas contraire si, dans les quinze jours qu'elle fixe, comprend le jour nécessaire pour la mise à exécution dans le département de la résidence impériale.

Ces règles seront modifiées pour les cas où, par force majeure, les communications viendraient à être interceptées entre une partie de la France et la capitale : les délais ne courraient que du jour de la cessation des circonstances qui créaient l'obstacle aux communications.

Disons encore que ces règles ne peuvent s'appliquer aux Français à l'étranger, pour lesquels aucune présomption n'est établie par la loi, et vis-à-vis desquels une loi ne pourra être considérée comme obligatoire, qu'à la charge de prouver qu'en fait ils en avaient eu connaissance; il en doit être de même des Français que la promulgation de la loi nouvelle surprend loin de France, voyageant sur un bâtiment français; on ne pourra exiger d'eux la soumission à la loi nouvelle, que s'ils ont pu avoir connaissance des dispositions qu'elle édicte : telle est l'opinion de Toullier (1) ; c'est aussi celle qu'a adoptée M. Demolombe (2).

Des règles que nous venons d'exposer, il résulte que les diverses parties de l'Empire seront pendant un certain temps soumises à des lois différentes : celles-ci à la loi nouvelle, et celle-là encore à la loi ancienne.

Cette situation permet de soulever et d'entrevoir comme possibles de sérieuses difficultés sur lesquelles nous devons nous expliquer.

Mais disons tout d'abord qu'il n'appartient pas aux particuliers de devancer l'heure à laquelle la loi nouvelle doit devenir obligatoire, que du moins ils ne peuvent la prendre que comme conseil, et seulement dans la matière où la loi ancienne les autorisait à déroger à ses dispositions par des conventions particulières : celle-ci conserve en effet toute sa valeur jusqu'à son remplacement régulier par la loi nouvelle, et toutes ses prohibitions doivent être maintenues.

En cas d'urgence, les ordonnances précitées de 1816 et de 1817 autorisent le gouvernement à hâter l'exécu-

(1) Toullier, tom. X, n° 62.
(2) Tom. I, n° 29.

tion, et à abréger les délais de la mise en vigueur, au moyen d'une publication exceptionnelle.

Voyons maintenant comment nous appliquerons à chaque citoyen individuellement la présomption de connaissance de la loi dont nous venons d'indiquer les conditions en fixant celles de la publication.

Nous n'exposerons pas les différents systèmes qui ont été soutenus sur cette grande et difficile question : pour nous, à la suite de MM. Aubry et Rau, sur Zachariæ (1), et avec M. Demolombe (2), nous croyons que chacun devra être soumis à la loi nouvelle, suivant les règles de présomption édictées pour le lieu où il se trouve et où il passe un acte juridique, et plus généralement encore pour le lieu auquel se rattachent les objets en litige. Comment en pourrait-il être autrement pour les lois de police et de sûreté ; pour les lois concernant l'ordre public, les bonnes mœurs ; pour les lois réglant la forme des actes et des contrats? On ne le comprend vraiment pas ; et, quant aux lois personnelles, n'est-il pas évident que la loi étant obligatoire du jour où elle peut être présumée connue des citoyens, et cette loi étant d'ailleurs présumée connue de tous ceux qui habitent telle localité, il serait dérisoire à une personne ne l'habitant même que temporairement de pré-texter que son domicile légal étant plus éloigné de Paris, elle tire de cette circonstance droit à ne pas connaître la loi lorsque, de fait, elle s'est trouvée dans un lieu où on la connaissait.

(1) Tom. I, p. 46 et 47.
(2) Tom. I, n^rs 31 et suiv.

Toutefois cette solution, la plus raisonnable de toutes à notre avis, n'est pas exempte de difficultés, et nous ne pouvons que nous associer à la pensée de M. Demolombe, qui propose de modifier les règles que nous venons d'exposer et de ne pas laisser subsister cette anomalie singulière d'une loi obligatoire à Paris, et encore inconnue et non obligatoire à Marseille; il suffirait pour cela qu'un même délai fût donné à tout l'Empire pour prendre connaissance de la loi nouvelle.

Ce système, seul admissible dans un État peu étendu, n'aurait même aucun inconvénient en France, grâce à la facilité et à la rapidité de communications qui relient tout le territoire.

Le nouveau Code italien est entré dans cette voie, et il décide que la loi sera exécutoire quinze jours après sa publication dans toute l'étendue du territoire italien.

Ajoutons, en terminant, que les règles que nous venons d'exposer, s'appliquent aux sénatus-consultes et aux décrets impériaux qui sont promulgués et deviennent exécutoires dans la même forme que les lois (Voy. ordonnances citées précédemment de 1816 et de 1817, Comp. décret du 2 décembre 1852, sur la forme de la promulgation des sénatus-consultes et des lois et décrets).

ESSAI

sur la

NON-RÉTROACTIVITÉ

DES LOIS

PREMIÈRE PARTIE

PRINCIPES DE LA MATIÈRE

CHAPITRE PREMIER

IDÉES GÉNÉRALES

Deux séries de questions analogues peuvent s'élever par suite de conflit, soit entre une loi nouvelle et une loi ancienne, soit entre les lois d'un pays et celles d'un pays étranger.

Nous bornerons notre tâche à l'examen des premières, c'est-à-dire de la rétroactivité et de la non-rétroactivité des lois.

Ce sujet, aussi important que difficile, a attiré depuis les temps les plus reculés, l'attention et du législateur

2

et du jurisconsulte; on le trouve dans le droit de Solon (1). Aristote même s'en est occupé dans sa *Politique* (2).

Les auteurs qui ont le plus approfondi cette matière en ont formulé le principe général de deux manières :

1° Les lois nouvelles n'ont pas d'effet rétroactif.

2° Les lois nouvelles ne doivent porter aucune atteinte aux droits acquis.

Ces deux formules expriment la même idée ; ne nous occupons pas de la différence des termes, recherchons quel est le véritable sens de la règle; sans doute il ne faut pas la prendre dans son sens littéral : le législateur ne peut pas faire que le passé soit non avenu; il ne peut pas effacer, anéantir ou modifier les faits accomplis. Cela n'est au pouvoir de personne. Il est inutile de dire que la loi ne rétroagit pas, en ce sens qu'elle n'a point d'empire et d'influence sur les faits réalisés avant sa promulgation; cela est impossible; on doit donc entendre la règle dans un sens moral, en ce sens qu'une loi serait rétroactive si elle prétendait régir, soumettre à ses dispositions les conséquences qui, découlant de faits antérieurs, se produisent après sa promulgation. Le principe de la non-rétroactivité signifie que les faits antérieurs à la loi nouvelle, doivent continuer à être jugés, appréciés, reconnus efficaces conformément à la loi ancienne contemporaine de leur établissement.

Une fois le sens du principe de la non-rétroactivité

(1) Démosthènes, *Timocrate*.
(2) Liv. II, ch. vi.

fixé, voyons comment ce principe peut se justifier.

Une loi existe. Par cela seul que le législateur croit devoir en faire une nouvelle pour régler le rapport de droit déjà réglé par cette loi antérieure, c'est qu'il trouve celle-ci mauvaise, ou au moins insuffisante; c'est que l'expérience a prouvé qu'il était utile de la modifier. Il est sans doute à souhaiter que cette heureuse modification, ce progrès s'étende aussi loin que possible, et règle tous les rapports de droit dont les effets ne sont pas encore produits et définitivement réalisés.

Oui, mais d'autre part, les citoyens qui, sous l'empire d'une loi, font tous les actes juridiques qu'elle leur commande pour obtenir un droit, ne doivent-ils pas pouvoir compter sur la stabilité de ce droit? ne doivent-ils pas être assurés que jusqu'au jour où ce rapport de droit, qu'ils viennent de créer, aura produit tous ses effets, la loi actuelle les régira? Ces améliorations dont on menace les citoyens qui contractent entre eux sur la foi d'une loi existante, ne seraient-elles pas pour eux un danger continuel et une perpétuelle menace de ruine? ce prétendu progrès n'aurait-il pas pour résultat immédiat, d'enlever aux citoyens la confiance dans la stabilité de ce qui est, confiance qui seule peut faciliter les transactions, encourager les entreprises?

De la combinaison de ces deux vérités, que résulte-t-il? Nous allons en faire sortir notre principe, et elle nous permettra de lui assigner les limites qu'il doit avoir. A une loi nouvelle nous devons opposer le moins de barrières possible; nous devons lui faire régir et l'avenir et les suites du passé ; car nous la croyons bonne, meilleure que ce qu'elle remplace, et nous devons faire en sorte que chacun en profite ; mais en même temps nous devons empêcher que cette loi ne soit pour quelques-uns un élément de ruine, et lui faire respecter les droits acquis.

Notre théorie peut se résumer en ces termes :

La loi nouvelle a et doit avoir un effet immédiat, sauf le respect des droits acquis à des tiers.

Avant de finir ce chapitre, nous devons dire sous combien de formes peut se présenter ce conflit des lois : M. de Savigny en énumère quatre (1) :

« 1° Promulgation d'une loi nouvelle et isolée, qui a « précisément pour objet le rapport de droit dont il « s'agit ; 2° promulgation d'un nouveau code, c'est-à-dire « d'un ensemble de règles, où le rapport de droit dont « il s'agit se trouve soumis à des dispositions nou- « velles : cela a eu lieu à Constantinople de 529 à 534 ; « en Prusse en 1794, en France en 1804, en Autriche « en 1812 ; 3° adoption d'un code étranger tout entier, « et substitution de ce code au droit jusqu'alors en « vigueur : c'est ainsi que la France impériale imposa « le Code Napoléon à divers pays en Allemagne et « ailleurs ; 4° le lieu siége d'un rapport de droit, déta- « ché de l'État auquel il appartient et incorporé à un « autre État, et qui par là devient soumis à l'ensemble « du droit de cet autre État. Le droit, ainsi substitué, « peut se résumer dans un code, ou à côté du code, il

______

(1) *Traité du Droit romain*, ch. ccclxxxiii.

« peut subsister des lois isolées, ou même diverses règles
« du droit coutumier. Cela arriva lorsque plusieurs
« pays furent réunis à la France, lorsque plus tard, elle
« recouvra ses anciennes provinces, et en acquit de
« nouvelles. »

Recherchons maintenant comment ce conflit entre
des lois qui se succèdent a été réglé en droit romain.

CHAPITRE II

Le principe fondamental de la non-rétroactivité des lois a sa source dans le droit romain; nous avons des témoignages de la reconnaissance de ce principe empruntés aux différentes époques de l'histoire romaine. Cicéron le proclame, et voici comment il s'exprime sur ce point : « *In ulla* (lege) *præteritum tempus reprehenditur, nisi ejus rei quæ sua sponte scelerata ac nefaria est, ut etiam si lex non esset, magnopere vitanda fuerit, atque in his rebus multa videmus ita sancta esse legibus ut ante facta in judicium non vocentur....*

« *De jure vero civili si quis novi quid instituit, is non omnia quæ ante acta sunt rata esse patietur* (1) ? »

Caton d'Utique, songeant surtout aux lois pénales, se récrie contre la rigueur d'une loi qui punirait, pour des actes antérieurs à sa promulgation, ceux qui en agissant ainsi ne l'ont pas violée; il qualifie cet effet d'inique; voici comment il s'exprime (2) : Οὐδὲ γὰρ ὅπου στήσεται τὰ προημαρτημένα ζητεῖν ὁρίσαι ῥᾴδιον· ἐὰν δὲ νεώτερα γράφεται τῶν ἀδικημάτων, ἐπιτίμια δεινὰ πείσεσθαι τούτων ἂν οὐ παρέβαινον οὔτ᾽ ἠδίκουν νόμον, κατὰ τοῦτον κολαζόμενοι. *Neque enim definiri facile quousque extendere se debeat in præterita inquisitio; et si novæ statuantur ante com-*

(1) 2° Verrine, n° 42, lib. 1.
(2) Comm. de Godefroy ad leg. 3. C. Théod. 1, 1.

missorum pœna fore ut inique cum iis agatur, qui punien-
tur ex lege quam nec violârunt nec ex parte læserunt.

Pline insiste sur le trouble qui résulterait dans la
société d'une application rétroactive des lois nouvelles :
Cujus vim si retrò quoque velimus custodire, multa necesse
est perturbari (1).

Théodose II a plusieurs fois exprimé que les lois
devaient exercer leur empire sur l'avenir, et non sur le
passé. L'une de ces dispositions, insérée au Code Théo-
dosien, est devenue une règle pour l'Occident (2). L'autre, insérée dans le Code de Justinien, a participé à
l'immense autorité morale de ce code, et exercé une
influence sur la formation des jurisprudences modernes (3).

Dans ses deux constitutions, l'empereur ne prétend
pas faire une disposition nouvelle qui remplacerait une
disposition contraire. Il veut seulement exprimer ce qui
résulte nécessairement de la nature et du but de la
législation.

La législation des Empereurs, c'est-à-dire les Codes de
Théodose et de Justinien, sont remplis d'ailleurs de
documents qui contiennent clairement le principe de la
non-rétroactivité et quelques-uns la formulent en une
règle dont ils donnent eux-mêmes les motifs ; voici
comment Justinien s'exprime dans la Novelle 22, ch. 1 :
Τοὺς γὰρ ἐκείνους (τοῖς νόμοις) πιστεύσαντας καὶ οὕτω συμβα-
λόντας οὐκ ἄν τις αἰτιάσαιτο διά τι μὴ καὶ τὸ μέλλον ἐπίσταντο

(1) X. Ép. 116.
(2) L. III ; C. Th., 1, 1.
(3) L. VII, c. 1, 14.

καὶ τῷ φαινομένῳ μὲν καὶ τῷ πολιτευομένῳ πανταπάσιν ἠπίστουν·
τὸ δὲ οὔπω γενόμενον οὐ δεδίασαν. *Qui enim illis* (legibus)
*crediderunt, atque ita contraxerunt, eos nemo culpabit
quod et futurum nesciverint et quod apparebat atque usu
obtinebat omnino crediderint, quod vero nondum factum
erat, non formidaverint.*

Le principe de la non-rétroactivité des lois se présente à nous en droit romain sous un double aspect,
comme une règle de prudence pour le législateur, comme
une règle d'interprétation pour le juge ; nous allons
l'envisager à ce double point de vue.

Anastase songeait aux devoirs du législateur lorsqu'il
a écrit cette maxime : *Convenit leges futuris regulas im-
ponere, non præteritas calumnias facere* (1). La forme
est remarquable : «Il est convenable.» Le législateur est
souverain en ce sens qu'aucune autorité humaine ne
peut arrêter l'effet de la volonté qu'il aurait de rétroagir. Mais il doit s'imposer à lui-même de ne pas enlever aux particuliers les avantages sur la possession
desquels les lois antérieures leur ont permis de
compter.

Les circonstances dans lesquelles Anastase a émis le
précepte ou mieux le conseil que nous venons de rapporter, ne laissent aucun doute sur son caractère.
Zénon avait décidé que ceux qui seraient élevés à certaines fonctions dans le gouvernement de l'empire, ne
seraient plus exonérés des charges de la curie. Il avait
voulu que cette disposition fût applicable à ceux qui

____

(1) L. LXV, c. *De decurionibus.*

auraient été investis de ces fonctions depuis le commencement de son règne. Anastase ordonne que tous ceux qui avant la constitution précitée de Zénon, avaient été affranchis des charges municipales par l'élévation à certaines fonctions, même depuis le commencement du règne de cet empereur, conserveront ce bénéfice. Il maintient au surplus la disposition elle-même de son prédécesseur, en lui ôtant seulement tout effet rétroactif. Nous voyons ici le législateur se refusant à lui-même le pouvoir de rétroagir.

Cette règle de prudence n'a pas toujours été observée. Sans doute il est des cas où le législateur doit étendre son empire sur le passé pour en modifier les conséquences dans l'intérêt supérieur de la société. Mais il nous semble que l'appréciation de cette nécessité fâcheuse n'a pas toujours été faite avec sagesse. Nous en citerons plusieurs exemples.

Constantin a proscrit le pacte commissoire dans le contrat de gage ou la convention d'hypothèque ; il le regarde comme tellement odieux, qu'il ajoute : *«Si quis igitur tali contractu laborat, hac sanctione respiret, quæ cum præteritis præsentia quoque repellit, et futura prohibet. Creditoris enim re amissa, jubemus recuperare quod dederunt.»* La faveur qu'inspire le débiteur obéré et misérable a souvent jeté le législateur hors des voies de la stricte justice. Tout au plus pourrait-on admettre que dans les contrats en cours d'exécution, le créancier perdît le droit d'appropriation qu'il avait stipulé, et dût se résigner à faire vendre le gage et à se payer sur le prix. Mais si un créancier est devenu propriétaire de la chose engagée à l'échéance de la dette, par application d'une clause alors légitime, le dépouiller de la propriété, le réduire à poursuivre le recouvrement de sa créance sur la chose considérée comme son gage pur et simple, cela nous semble une énormité. Même si la loi doit s'entendre en ce sens que le débiteur pouvait, en offrant la somme primitivement empruntée, récupérer la propriété de sa chose (disposition à peu près illusoire en fait pour le débiteur qui sans doute est insolvable), nous croyons que la sécurité des personnes dans les faits accomplis n'a pas été suffisamment respectée.

C'est par erreur que Meyer a essayé de justifier la décision rétroactive de Constantin, en donnant à la loi de cet empereur un caractère interprétatif ou confirmatif du droit antérieur. Cet auteur a pensé que le droit ancien prohibait déjà la convention insérée au contrat de *Pignus* en attribuant au créancier la propriété du gage, en cas de non-paiement, et que la pratique était parvenue à éluder cette prohibition. Nous savons aujourd'hui, par un texte que Meyer ne connaissait pas, le § 9 des *Fragm. Vatic.*, que le droit romain à l'époque classique admettait la validité de la *Lex commissoria* ajoutée au contrat de *Pignus*. Quant à la loi 16, § 9, Dig. xx, 1, *De pignoribus*, invoquée par Meyer, elle statue sur une convention toute différente, plus douce et plus bénigne à l'égard du débiteur que la *Lex commissoria*, mais dont la validité n'excluait pas la validité de la convention plus rigoureuse d'après laquelle la propriété était acquise au créancier à l'échéance moyennant l'extinction de la dette. Sur ce point Constantin a donc fait une innovation.

Nous ne saurions approuver non plus la constitution d'Arcadius et d'Honorius, qui, renouvelant la prohibition du mariage entre cousins germains et entre beaufrère et belle-sœur, prononce des peines et applique ces peines à ceux qui avant la promulgation de cette loi, se sont, ainsi que disent les empereurs, souillés de tels incestes. Il ne suffit pas de dire que le fait était déjà prohibé pour justifier l'application de peines nouvelles et plus sévères (1).

Il en est de même de la constitution de Théodose et Valentinien, qui, en accordant à la mère, privée du *jus liberorum*, le droit de recueillir une portion de l'hérédité de son fils, veut que cette disposition s'applique à des successions déjà ouvertes, mais non encore définitivement partagées ou liquidées. Sans doute la remise à la mère de la condition d'avoir mis au monde un certain nombre d'enfants (2) est équitable ; mais l'erreur antérieure de la loi doit-elle retomber sur la tête de celui qui s'est cru et a dû se croire investi d'un droit de propriété? La propriété indivise n'est-elle pas aussi bien acquise, aussi respectable que la propriété sortie d'indivision par le partage ? La décision des empereurs serait tout au plus admissible et conforme aux principes si elle était restreinte, dans les successions déjà ouvertes, à l'encontre des héritiers n'ayant pas fait

(1) L. III ; C. Th., III, 12.
(2) L. VII ; C. Th., V, 1.

adition et n'ayant pas encore par conséquent de droit acquis.

Nous adresserons le même reproche à la constitution de Théodose II, de l'an 447, par laquelle cet empereur, envoyant à Valentinien III les édits qu'il avait promulgués en Orient, afin de les rendre publics et obligatoires en Occident, déclare que ces Novelles devront régir tous les procès pendants. Ainsi, même les procès roulant sur des faits antérieurs à la promulgation en Occident de ces édits, devaient être soumis au contenu de ces édits envoyés d'Orient (1).

Justinien a donné à l'une de ses innovations une rétroactivité qui ne se justifie pas en raison. Il a modifié, abaissé le taux maximum de l'intérêt conventionnel. Il ordonne que le taux nouvellement fixé limite les intérêts qui écherront depuis la promulgation de sa constitution pour des sommes antérieurement prêtées à intérêt. Rien n'est plus respectable que les droits acquis en vertu d'un contrat ; rien n'importe plus au succès des entreprises humaines que le maintien de ces droits. Le créancier, dont on restreint les droits, n'aurait peut-être pas prêté à d'autres conditions. Il a pu contracter des engagements en vue des ressources qui lui paraissaient assurées. Ce qui augmente l'injustice, c'est qu'il ne paraît pas avoir été libre de demander immédiatement le remboursement de ses capitaux (2).

Justinien avait bien mieux observé ce qu'on peut appeler les convenances législatives (*convenit*, disait Anas-

(1) Nov. Theod., II, tit. II, 1.
(2) L. XXVII, c. IV, 32.

tase), lorsqu'en créant un droit de gage tacite pour
garantir le paiement et la restitution de la dot, il déci-
dait que cette mesure ne s'appliquerait qu'aux dots
constituées à l'avenir (1).

Devons-nous regarder comme méritant un reproche,
au point de vue de la rétroactivité, une constitution remarquable de Théodose II, celle introductive de la
prescription extinctive des actions par trente ans? Le
législateur doit accorder aux droits légitimes le moyen
et le temps de s'exercer, mais il n'est pas tenu de leur
laisser une latitude indéfinie, lors même qu'il la leur aurait d'abord concédée. La justice veut seulement que
les ayants-droit, prévenus du changement de législation, jouissent d'un espace de temps suffisant pour
l'exercice de leurs actions.

Voyons ce qui a été décidé à cet égard. La prescription trentenaire a dû être appliquée aux actions déjà
existantes, et ouvertes au moment de la promulgation
de la constitution, en comptant le temps écoulé avant
cette promulgation depuis l'ouverture de l'action, mais
de telle sorte qu'il y eût toujours au moins dix ans à
courir pour l'ayant-droit après cette promulgation.

On soutient que cette disposition est entachée de
rétroactivité, et qu'elle n'aurait dû compter les trente
années auxquelles elle bornait l'existence d'actions
déjà nées et destinées à être perpétuelles, qu'à partir de
la date du changement de législation. Nous croyons que
le législateur a pu prendre en considération le temps

(1) L. 1, § 16, c. v, 13.

écoulé pendant lequel le titulaire du droit avait déjà
pu l'exercer, et qu'il n'a pas commis d'injustice, puisqu'il a dans tous les cas accordé un minimum de dix
ans, laps suffisant pour l'exercice des actions antérieures (1).

Il est des actes juridiques qui ne s'accomplissent pas
en un instant de raison, qui se décomposent en plusieurs actes successifs.

Nous citerons le testament qui se fait avant la mort,
peut-être longtemps avant la mort du testateur, et ne
produit son effet qu'à l'époque de cette mort. Si la législation change, faut-il exécuter la loi en vigueur à
l'époque de la confection du testament, ou la loi en
vigueur à l'époque de la mort du testateur ? Cherchons
comment le droit romain a résolu ce problème.

D'abord il est manifeste qu'un changement de législation postérieur à la mort du testateur ne doit pas
avoir d'influence sur la validité du testament et de son
contenu. Aussi Cicéron faisait-il un grief à Verrès d'a-
voir, par un édit, soumis à une disposition imitée de la
loi Voconia, des testaments dont les auteurs étaient déjà
morts à l'époque de l'émission de cet édit (2).

La loi Voconia, nous dit en cet endroit Cicéron,
avait été conçue dans un esprit bien différent et très-
équitable. Créant contre les femmes une incapacité
d'être instituées par les personnes riches, elle avait décidé que sa disposition ne régirait que les testaments
faits depuis sa promulgation. Ainsi les testaments faits

____

(1) L. I, § 5 ; C. Th., IV, xiv.
(2) *In Verrem*, act. II, lib. I, cap. xlii.

au moment où la loi Voconia a été portée, et dont les auteurs étaient encore vivants, ont conservé leur validité.

La loi Falcidia a ménagé avec autant de douceur la transition du droit antérieur à ses prescriptions. Elle était conçue en ces termes : *Quicumque civis romanus post hanc legem rogatam, testamentum faciet, is, etc.....* Ainsi cette loi renonçait à régir les testaments qui, faits avant sa promulgation, ne produiraient leur effet par la mort du testateur qu'après cette époque. Faisons remarquer que cette loi aurait pu, sans rétroactivité, s'appliquer à tous les testaments ouverts depuis sa mise en vigueur ; car elle établissait entre l'héritier et les légataires une conciliation d'intérêts qui assurait le maintien du testament. Le testateur n'avait pas à se plaindre, et les légataires n'avaient pas de droits acquis. La loi Voconia, en retirant aux femmes, en certains cas, la *testamenti factio* pouvait réduire le testament à néant. Il aurait été rigoureux de soumettre à cette disposition les testaments de citoyens qui avaient fait tout ce qui dépendait d'eux pour régler valablement la transmission de leur hérédité.

La même observation se présente à l'occasion d'une disposition transitoire insérée par Justinien dans la Novelle par laquelle il a augmenté la quotité de la légitime. Il aurait pu soumettre à son innovation les testaments déjà faits, mais dont les auteurs n'étaient pas décédés. Il l'aurait fait sans rétroactivité injuste ; car les légitimaires qui ne sont pas entièrement satisfaits, n'ont, dans le droit du Bas-Empire, qu'une action en complément, et ne peuvent faire rescinder le testament. Les testateurs n'étaient donc pas menacés de mourir intestats contre leur volonté, et les héritiers institués lésés par l'extension de la légitime, n'avaient encore aucun droit acquis. Justinien a préféré restreindre la portée de la loi aux testaments futurs (1).

Cet empereur décida également, lorsqu'en 534 il abolit les lois caducaires, que la disposition nouvelle ne régirait que les testaments dont la confection serait postérieure à sa promulgation (2).

Ce sont là des retards bienveillants que le législateur apporte à l'exécution de sa volonté nouvelle dans l'intérêt des particuliers.

Les empereurs Théodose, Valentinien et Arcadius ont pu, sans encourir aucun blâme de rétroactivité, ne pas user d'une telle longanimité dans une matière semblable. Résolus à enlever à certains hérétiques la capacité de tester et la capacité de recueillir par testament, ils ont soumis à cette mesure de rigueur la succession des personnes actuellement vivantes, qu'elles eussent ou non dressé déjà leur testament (3).

Plaçons-nous au second point de vue ; le principe de la non-rétroactivité s'adresse au juge. Une loi qui garde le silence à cet égard, ne doit pas être interprétée de manière à porter atteinte à des droits acquis. Tel est le sens de deux constitutions déjà citées et dont nous devons reproduire le texte. L'une est ainsi conçue : « *Om-*

(1) Comp. Nov. 18 et Nov. 66, cap. I, § 5.
(2) L., un., § 15, c. VI, 51.
(3) L. XVII; C. Th., XVI, 5.

nia constituta non præteritis calumniam faciunt, sed fu-
turis regulam imponunt (1).

La seconde est d'une rédaction plus remarquable et
donne une meilleure définition du principe : *Léges et
constitutiones futuris certum est dare formam negotiis,
non ad facta præterita revocari, nisi nominatim et de
præterito tempore et adhuc pendentibus negotiis cautum
sit* (2).

Ce texte, en même temps qu'il trace les devoirs du
juge, confirme ce que nous avons dit, qu'aucune autorité n'existe, si ce n'est celle toute morale de la raison,
pour empêcher le législateur de donner un effet rétroactif à ses volontés. D'ailleurs cet effet rétroactif
peut être, dans certaines hypothèses, approuvé par la
raison.

Cette règle, que le juge ne doit pas donner d'effet
rétroactif à une loi, a été consacrée dans la circonstance suivante : Constantin avait décidé que les décu-
rions ne pourraient pas se soustraire aux charges de la
curie en entrant dans le clergé. Des magistrats voulu-
rent réintégrer dans la curie des personnes qui s'étaient
agrégées comme clercs à l'Église avant l'édit de Constantin. Cet empereur ordonna de ne pas inquiéter
ceux qui, avant sa première constitution, avaient cher-
ché dans l'Église un refuge contre les charges onéreu-
ses de la curie (3).

Le législateur peut déclarer que sa volonté est de

(1) L. III ; C. Th., I, 1.
(2) L. VII, c. 1, 14.
(3) L. III ; C. Th., XVI, 2.

rétroagir et de plier à sa nouvelle prescription les conséquences du passé ; mais cela doit être entendu encore avec un tempérament. Cette rétroactivité ordonnée s'arrêtera devant les jugements et les transactions qui auraient fixé le droit des parties. Le jugement et la transaction ont transformé le rapport de droit ; et le rapport de droit auquel la loi rétroactive eût été applicable d'après sa nature n'existe plus. On peut ajouter que c'est surtout après un jugement et une transaction que les parties doivent compter sur les avantages de la situation qui leur est faite (1).

Une loi interprétative du droit antérieur, rétroagit naturellement, et sans que le législateur ait besoin de le dire, à la date du texte interprété ; mais encore cette fois, la rétroactivité s'incline devant les jugements et les transactions et les respecte. La règle que nous venons de tracer est applicable aux travaux législatifs de codification, qui, en général, ne font que coordonner, fixer, préciser le droit antérieur, et dissiper les obscurités qui en couvraient certaines parties. C'est ainsi que Justinien a considéré ses *Institutes* et ses *Pandectes*. Il ordonne en conséquence que les principes posés dans ces deux compilations, *secum vigorem in judiciis ostendant in omnibus causis, sive quæ postea emerserint, sive quæ in judiciis adhùc pendent........ Quæ enim jam vel judiciali sententia finita sunt, vel amicali pacto sopita, hæc resuscitari nullo volumus modo* (2).

Le Code avait le même caractère, et a dû être soumis

(1) Arg. Nov. 115, c. I.
(2) L. II, § 23, c. I, 17.

à la même règle ; mais la pensée de Justinien à cet égard est moins explicite (1).

On pourrait essayer d'expliquer par le principe que nous venons de poser, la décision contenue dans une constitution de Constantin, relative aux donations entre ascendants et descendants. Cet empereur a remis en vigueur une institution d'Antonin le Pieux, et déclaré obligatoires les conventions, les promesses de donner intervenues sans les formes de la stipulation entre des ascendants et des descendants. Il ordonne que sa loi régisse les procès alors pendants ; il valide, par conséquent, les donations antérieures à la promulgation de sa loi, et qui avaient été faites ou ébauchées par un consentement nu, dépourvu de toute solennité. S'il est vrai, comme il y a lieu de le croire, que l'innovation proposée par Antonin le Pieux n'avait point pris racine dans la jurisprudence et la pratique, la loi de Constantin n'était pas purement confirmative ou interprétative d'un droit antérieur, et nous pensons que cet empereur a eu tort de lui donner un effet rétroactif (2). Peut-être l'empereur avait-il été touché du manque de foi que commettrait le donateur en invoquant la loi ancienne pour ne pas exécuter une libéralité à laquelle il avait librement consenti.

En résumé, la législation romaine nous fournit les idées élémentaires d'une théorie sur la rétroactivité des lois.

(1) L. 11, Summa, § 3, préf. du Code.
(2) V. Fragm. Vatic., § 297.

Le législateur ne doit pas, en général, donner à sa loi un effet rétroactif.

Quand il a déclaré sa volonté de rétroagir, les particuliers et les juges doivent se soumettre.

Le juge ne doit pas supposer, dans le silence de la loi, que la volonté du législateur ait été de régir les conséquences des faits accomplis.

Les lois interprétatives rétroagissent à la date de la loi interprétée.

Quand une loi a un effet rétroactif, soit parce que le législateur l'a expressément ordonné, soit parce qu'elle est interprétative, la rétroactivité ne doit pas porter atteinte aux jugements et aux transactions qui ont réglé la situation des parties.

CHAPITRE III

Dans l'ancien droit français, on ne trouve pas de monuments législatifs concernant notre principe. On aperçoit dans la jurisprudence que les pays de coutume, de même que ceux de droit écrit, suivaient le droit romain plus ou moins bien interprété, et ce n'est qu'à l'occasion des ordonnances que la question fut agitée.

Droit intermédiaire. — Nous avons dit que dans l'ancienne législation le principe de la non-rétroactivité était pleinement reconnu ; mais après 1789 la commotion générale donnée à la société française produisit des lois violentes où les principes du droit et la notion de la justice furent méconnus.

C'est alors que notre principe fut plus d'une fois foulé aux pieds par le législateur, sans qu'on se trouvât dans la nécessité ni dans les conditions qui permettent au législateur de rétroagir. Ainsi les lois du 5 brumaire et du 17 nivôse an II, firent remonter jusqu'au 14 juillet 1789 l'égalité absolue des partages entre tous les cosuccessibles.

Les inconvénients de ces lois qui violaient, sans aucune raison, le principe de la non-rétroactivité, ont amené le législateur à proclamer ce principe parmi ceux que la Constitution du 5 fructidor an III (22 août

1795) déclare inviolables ; l'article 14 de la Constitution est ainsi conçu :

« *Aucune loi, ni criminelle ni civile, ne peut avoir d'effet rétroactif.* »

Remarquons cependant que, même antérieurement à la Constitution de l'an III, le principe était considéré comme constitutionnel, mais seulement en matière de droit pénal. Ainsi nous lisons dans la Constitution du 3 septembre 1791, article 8 de la déclaration des droits de l'homme et du citoyen : « La loi ne doit éta-
« blir que des peines strictement et évidemment né-
« cessaires, et nul ne peut être puni qu'en vertu d'une
« loi établie et promulguée antérieurement au délit,
« et légalement appliquée. »

Dans la Constitution du 24 juin 1793, art. 14 de la déclaration des droits de l'homme et du citoyen :

« Nul ne peut être jugé et puni qu'après avoir été
« entendu ou légalement appelé, et qu'en vertu d'une
« loi promulguée antérieurement au délit. La loi qui
« punirait les délits commis avant qu'elle existât, serait
« une tyrannie ; l'effet rétroactif donné à cette loi se-
« rait un crime. »

Ce n'est que dans la Constitution du 5 fructidor an III, comme nous l'avons déjà dit, que la non-ré-troactivité fut admise comme principe constitutionnel tant en matière pénale qu'en matière civile.

Ce principe n'est pas reproduit dans la Constitution du 22 frimaire an VIII, et n'a plus été, depuis lors, écrit dans aucune Constitution. Il a trouvé place dans le Code Napoléon, art. 2, et dans le Code pénal, art. 4 ;

d'où il suit que ce qui avait été élevé à la hauteur
d'un principe de droit constitutionnel enchaînant le
législateur, est aujourd'hui redevenu ce qu'il était en
droit romain, une simple règle d'interprétation ne liant
que le juge.

CHAPITRE IV

DROIT ACTUEL

Non-seulement dans le Code Napoléon, mais presque dans toutes les législations modernes, se trouve le principe de la non-rétroactivité des lois.

Partout il a le caractère d'une règle d'interprétation tracée pour le juge, tandis qu'il n'existe pas comme règle obligatoire pour le législateur ; le législateur est et doit être libre de régler le passé comme l'avenir, et de pourvoir ainsi à tout ce que l'utilité générale peut exiger. En tout temps il est impossible ou du moins imprudent de lier le législateur à cet égard par un principe constitutionnel ; mais cela l'est bien plus encore à une époque où le pouvoir législatif est délégué tout entier à une représentation nationale ; lui imposer notre règle, ce serait, par crainte d'abus imaginaires, sacrifier des avantages souvent considérables. Défendre au législateur de rétroagir, c'est encore, dans certains cas, mettre obstacle à tout progrès. Le droit repose sur les convictions communes du peuple. Il ne peut être ni fixe ni immuable, car les convictions d'un peuple se modifient et varient avec les temps, suivant un développement progressif ; avec elles la législation marche et se modifie. Permettre à quelques individus, parce qu'ils ont un droit consacré par une législation antérieure, accusée aujourd'hui d'iniquité, de venir opposer au mouvement progressif des idées et du droit un obstacle supérieur et absolu, ce serait, comme le dit très-bien M. de Savigny, reconnaître à un seul siècle le pouvoir d'imposer irrévocablement ses propres convictions à toutes les générations à venir. Par exemple, si l'esclavage, qui était reconnu et protégé par les législations de l'antiquité, au lieu de disparaître peu à peu de nos mœurs, grâce au christianisme et à la civilisation, eût été détruit tout à coup par suite d'une impulsion violente et subite communiquée aux esprits, eût-il donc fallu respecter les droits des propriétaires actuels d'esclaves? Non sans doute. — C'est dans des cas semblables qu'on doit sacrifier quelques intérêts privés à l'intérêt social. Quelquefois cependant, il est possible de concilier l'intérêt général et les intérêts individuels qui lui semblent opposés. C'est ce qu'ont fait la France et l'Angleterre en indemnisant les titulaires et les propriétaires évincés, lors de l'abolition de l'esclavage dans les colonies ; c'est aussi ce qu'a fait la Roumanie, il y a deux ans, en rachetant des propriétaires la terre qu'elle a rendue en toute propriété aux habitants de la campagne qui ne la possédaient jusqu'alors qu'à titre de colons.

Ajoutons à ce que nous venons de dire, le raisonnement si sage que M. Valette exprime avec tant de force de la manière suivante : « On aurait pu s'élever, « dit-il, contre le législateur, et lui reprocher d'avoir « violé la constitution, toutes les fois qu'il n'aurait pas « assez habilement démêlé quelles attentes pouvaient

« être détruites, quelles attentes devaient être respec-
« tées (1). »

Donc, d'après l'observation si judicieuse de M. Valette, défendre au législateur de régler le passé, outre
les inconvénients que nous avons signalés, c'eût été
créer d'avance des causes de désordre.

Cependant nous ne nions pas que le législateur ne
doive donner que bien rarement à la loi une action rétroactive; ce n'est qu'avec beaucoup de prudence et de
réserve, et seulement dans le cas où l'utilité sociale
l'exige impérieusement, qu'il doit se permettre de disposer pour le passé; il doit toujours avoir pour règle
que le bien à espérer de l'application de la loi nouvelle,
soit de beaucoup supérieur aux inconvénients qu'entraîne son application à des faits qui lui sont antérieurs.

Nous arrivons donc à la conclusion suivante : aussitôt que le législateur a expressément manifesté sa volonté de rétroagir, il n'y a pas à se poser la question de
non-rétroactivité ; on doit respecter ses dispositions sans
aucune autre recherche. En outre, il y a des lois qui, par
leur nature même, sont rétroactives, reçoivent aussitôt
après leur promulgation une application immédiate et
complète, et qui, malgré le silence de leur texte, ne doivent pas être interprétées comme respectant le passé.
Nous allons les parcourir en les divisant en plusieurs
classes.

1° Le principe de la non-rétroactivité ne concerne
pas les lois politiques, les lois qui touchent à la consti-

____

(1) Sur Proudhon, t. I, p. 24.

tution de l'État, ainsi qu'à l'attribution et à l'exercice des droits civiques. Ces lois ont de leur nature une rétro-activité nécessaire ; d'ailleurs elles ne lèsent en rétro-agissant aucun droit acquis ; car personne n'a puni dû croire immuable sa condition dans l'ordre politique, condition que la loi lui a reconnue non en vue de son avantage personnel, mais bien pour l'intérêt social. Par exemple, lorsqu'une loi nouvelle dépouille du droit d'électeur ou d'éligible celui qui, d'après l'ancien droit, en jouissait, il n'y a rien là dont il puisse se plaindre, parce qu'il n'y a rien à quoi il ne pût ou ne dût s'attendre.

Mais les faits accomplis sous l'ancienne loi n'éprou-vent, comme nous l'allons voir, aucune modification lorsque cette loi change. La capacité des personnes subit l'influence des nouvelles institutions ; mais les actes faits antérieurement en vertu de cette capacité sont à l'abri de toute atteinte. Par exemple, la loi qui refuse la qualité d'électeurs à ceux qu'une loi précé-dente en avait investis, n'invalidera en rien l'élection à laquelle ils auront concouru.

2° Notre principe ne trouve pas d'application dans les lois qui intéressent les bonnes mœurs et l'ordre pu-blic ; à ces lois l'utilité sociale exige de donner toute l'extension possible. « Il serait absurde, dit M. Duver-« gier (1), de maintenir ce qui trouble l'ordre public, « ce qui offense les bonnes mœurs ; de laisser subsister « le péril pour chaque citoyen, et l'anarchie dans le

____

(1) *Revue du Droit français et étranger*, t. II, p. 6.

« pays, de peur de blesser le principe de la non-rétro-
« activité. »

3° Les lois de procédure, les lois de compétence, et
les lois pénales favorables, ne sont pas soumises au
principe de la non-rétroactivité. Les pouvoirs publics
doivent faire régner la justice dans les différends des
particuliers entre eux ; c'est leur mission, et les membres de la société ont le droit d'y compter ; mais ils n'ont
jamais de droit acquis à une organisation des tribunaux, ni à la réglementation spéciale des formes à suivre devant eux. La juridiction et la procédure sont des
moyens divers et muables pour atteindre le but, à savoir
que justice soit faite. Quant aux lois pénales qui adou-
cissent la pénalité, elles doivent rétroagir, car elles
sont jugées meilleures que les précédentes, et en ré-
troagissant, elles ne blessent absolument aucun intérêt.

4° Il n'est pas non plus question du principe de non-
rétroactivité pour les lois qui modifient la capacité des
personnes ; ces lois doivent recevoir une application
immédiate, parce qu'elles sont intimement liées à l'ordre public ; et d'ailleurs il n'y a pas ici de droit acquis,
car nous ne devons pas considérer comme droit acquis
les facultés abstraites communes à tous les citoyens,
à toute une classe de citoyens. La personne qui est déclarée capable est apte à acquérir par ses propres actes des
droits ; mais si elle n'en a pas encore acquis, et que la
loi nouvelle la replonge dans l'incapacité, cette personne
n'est privée que d'une aptitude, d'une espérance dont
la réalisation était douteuse ; elle n'est privée d'aucun

avantage réalisé et faisant partie de son patrimoine. D'ailleurs les lois statuant sur la capacité, sont en général conçues dans une pensée de protection pour ceux mêmes qu'elles rendent incapables. Comment une personne se plaindrait-elle d'être protégée avec plus de soin et d'efficacité qu'elle ne l'était antérieurement ? Cependant tout ce qui a été réduit en actes par celui qui avait telle ou telle faculté d'après l'ancienne loi, doit être respecté par la loi nouvelle, quoiqu'elle ne reconnaisse pas cette faculté. Une personne qui, majeure d'après l'ancienne loi, a fait légalement certains actes, redeviendra mineure si une loi nouvelle vient reculer l'époque de la majorité, de façon à la classer encore parmi les incapables ; mais les actes accomplis par elle conserveront toute leur valeur juridique, et tous leurs effets légaux seront respectés ; de même pour le sexe : les femmes peuvent, d'après la loi française, se porter valablement cautions ; si une loi nouvelle retournait à la théorie du sénatus-consulte Velléien et leur défendait de s'obliger pour autrui, elles perdraient toutes cette faculté ; mais, quant à celles qui auraient intercédé antérieurement à la loi, elles demeureraient obligées.

Mais il faut prendre bien garde de ne pas confondre l'état avec la capacité. Les lois qui concernent l'état des personnes, comme l'état de Français, l'état d'époux, l'état d'enfants légitimes ou adoptifs suivent une tout autre règle. Elles ne peuvent pas rétroagir, car l'état est comme une propriété qu'on ne peut pas détruire.

5° Les lois qui statuent sur les voies d'exécution à employer par les créanciers contre les débiteurs rétroagissent pareillement, par la raison qu'elles se lient à l'organisation de la société; un mode d'exécution proscrit ne peut plus être employé, même pour l'accomplissement d'une obligation contractée avant la promulgation de la loi nouvelle. Telles sont les lois du 17 avril 1832, art. 42 et suiv. ; la loi du 13 décembre 1848, art. 14. Cette dernière loi abroge les dispositions du Code Napoléon, qui autorisent dans le bail rural à stipuler la contrainte par corps contre le preneur. Un bail fait avant 1848, ne produira plus cet effet (1).

6° Nous croyons que parmi les lois réglant les matières du droit privé, il faut faire une distinction fondamentale. Nous avons trouvé cette distinction dans l'ouvrage de M. de Savigny (2). Nous lui attribuons l'honneur de l'avoir inventée, ou mise au moins dans tout son jour, et nous la résumons ainsi :

Parmi les lois, les unes déterminent les droits qui peuvent exister, les droits que le législateur reconnaît et sanctionne.

Nous rangeons dans cette classe les lois qui fixent les modes d'existence des droits reconnus, leurs effets et leurs attributs.

Les autres lois, qui forment une seconde classe, déterminent les manières d'acquérir les droits reconnus; elles fixent à quelles conditions un particulier sera investi de ces droits ou de l'un d'eux.

(1) M. Duverger à son cours ; Zachariæ, Aubry et Rau, t. I, p. 57 : Demolombe, t. I, p. 59.
(2) Ouvrage cité, § 384.

Éclaircissons ces idées par des exemples : appartiennent à la première classe : 1° Les lois qui définissent la propriété et ses démembrements, qui se prononcent sur la distinction entre le domaine utile et le domaine éminent ; qui admettent ou repoussent tel ou tel démembrement, comme l'emphytéose, le domaine congéable, la rente foncière, la servitude prédiale à la charge de la personne ou au profit de la personne ;

2° Les lois qui définissent les puissances qu'une personne peut exercer sur une autre personne, par exemple la loi qui limite ou circonscrit la puissance paternelle ;

3° La loi qui définit le mariage, ses effets et ses causes de dissolution.

Appartiennent à la seconde classe :

1° Les lois qui déterminent les modes, les conditions d'acquisition de la propriété et de ses démembrements, par exemple la loi qui exige ou non la tradition, la rédaction d'un écrit, la transcription ;

2° Les lois qui déterminent les formes de la célébration du mariage.

Voici maintenant l'utilité de cette distinction.

Une loi qui réprouve une institution, qui déclare ne pas reconnaître un droit, saisit immédiatement les droits de la nature de ceux qu'elle proscrit, pour les éteindre.

Une loi qui modifie les attributs d'une puissance ou les effets d'un droit, s'applique aux droits déjà constitués, pour les transformer et les plier à ses dispositions.

Le motif est, que la permanence ou la perpétuité des droits déjà constitués retarderaient trop longtemps, ou restreindraient dans de trop étroites limites pour la société, le bienfait de la loi nouvelle. La loi de ce genre qui n'aurait d'empire que sur les droits nouvellement constitués, laisserait subsister peut-être à jamais des vestiges d'un passé condamné par le progrès des idées et des mœurs; ce contraste entre un passé vicieux qui tarderait à s'éteindre, et un présent perfectionné par la raison, qui trouverait peu de place pour se propager, serait choquant pour l'opinion publique.

Sans doute on pourrait respecter les droits actuels pendant la vie des titulaires, et appliquer la loi nouvelle aux héritiers. Ce serait un terme moyen; ce serait encore de la rétroactivité, mais une rétroactivité adoucie. Presque toujours ce serait différer trop longtemps encore la réalisation des progrès législatifs.

Nous donnerons une solution contraire pour les lois de notre seconde classe. Il s'agit de droits qui après comme avant la loi nouvelle peuvent exister, mais dont les conditions d'acquisition sont changées. Dans cette hypothèse le maintien des droits antérieurement acquis n'a rien de discordant avec le système nouvellement introduit. La rétroactivité n'aurait que des inconvénients pour les particuliers et point de sérieux avantages pour la société. La loi nouvelle régit dans l'avenir l'acquisition des droits; elle peut aussi soumettre les titulaires déjà investis de droits à l'accomplissement, dans un délai, de formalités d'une exécution facile pour tout le monde, par exemple d'un mode de publicité.

Dans tous ces cas, c'est la volonté du législateur qu'on respecte, mais une volonté tacite qui ressort soit de la nature de la disposition, soit des circonstances qui ont précédé ou qui ont accompagné cette disposition, soit enfin de la matière même qu'elle a pour objet.

Lois interprétatives. — En signalant les cas où le principe de la non-rétroactivité n'a pas d'application, nous allons dire quelques mots sur les lois dites *interprétatives ;* mais nous sommes loin de les ranger au nombre des lois qui rétroagissent nécessairement, comme on le fait à tort.

Les lois interprétatives ne sont autre chose que des lois antérieures éclaircies et expliquées.

Elles s'appliquent, il est vrai, aux faits passés ; mais cela provient de ce qu'en fixant le sens d'une loi antérieure, elles se confondent avec cette loi même, et par conséquent, en appliquant la loi interprétative, on applique en réalité la loi antérieure, dans le véritable sens qu'elle avait dès le jour de sa promulgation, et l'interprétation nouvelle vient la mettre à l'abri de toute controverse.

L'interprétation contenue dans une loi interprétative, doit être considérée comme ayant la même date que la loi interprétée ; aussi est-il faux de dire que les lois interprétatives rétroagissent.

Nous voici arrivés à la partie la plus importante de notre théorie, celle dans laquelle le principe de la non-rétroactivité exerce toute son influence ; c'est ici que nous allons distinguer les droits acquis des simples expectatives.

Nous avons examiné toutes les espèces de lois auxquelles notre règle ne doit pas s'appliquer, et nous avons donné pour chacune d'elles, les raisons spéciales pour

lesquelles il en doit être ainsi ; il nous reste maintenant
à dire, avant d'entrer dans toute autre discussion, quelles sont les lois auxquelles le principe de la non-rétroactivité, formulé dans l'article 2 du Code Napoléon,
s'applique dans toute sa rigueur.

D'après ce que nous avons exposé dans les précédents
paragraphes, la non-rétroactivité des lois est un principe qui ne s'applique qu'aux lois privées réglant les
conditions suivant lesquelles une personne peut acquérir un état ou un droit, et dans les cas seulement où le
législateur n'a pas exprimé sa volonté de ne pas le respecter. Pour cette espèce de lois circonscrites dans un
cercle plus étroit, et moins intimement liées au gouvernement de l'État et au bien public, l'utilité sociale
n'exige pas la violation du principe si respectable de la
non-rétroactivité des lois. En outre, comme elles ont
une action directe sur les relations entre particuliers,
sur l'attribution à telle ou telle personne de la propriété
des choses ou des avantages dérivant de l'état, leur
mise à exécution exige de grands ménagements.

Notre théorie, même pour ces lois, se résume, comme
nous l'avons dit, en ces termes : La loi nouvelle a et
doit avoir un effet immédiat, sauf le respect des droits
acquis à des tiers.

Voyons donc ce qu'on doit supposer pour appliquer
la règle de la non-rétroactivité, et ce qu'est un droit
acquis ? Il est incontestable que le fait juridique qui
était entièrement accompli, c'est-à-dire qui avait pris
naissance et qui avait produit tous ses effets au moment
de la promulgation de la loi nouvelle, est exclusivement

régi par la loi sous l'empire de laquelle il s'est accompli.
Il est de même certain que le fait qui n'était pas encore
commencé lorsque la loi nouvelle a été promulguée,
n'est régi que par cette dernière loi.

Pour que la question qui nous occupe se pose, il faut
supposer non-seulement un changement de la législation, mais encore un acte juridique ayant pris naissance sous la loi ancienne, et n'ayant pas encore
produit tous ses effets, ou dont les effets produits continuent d'exister, lorsque la loi nouvelle vient à être promulguée.

Dans ce cas, si de ce fait juridique résultent des droits
acquis pour une tierce personne, c'est la loi ancienne
qui les réglera; si au contraire il n'y a que de simples
espérances, des attentes plus ou moins légères, c'est la
loi nouvelle qui doit les régir.

Quand donc le droit est-il acquis, et quand donc
n'existe-t-il qu'une simple expectative ?

Tobias Jacob Reinhard dit : « *Quæcumque negotia*
« *jam ante novam legem latam quoad essentiam suam fue-*
« *rint perfecta, licet consummationem suam suosque effec-*
« *tus ab actu demum post legem novam futuro, eoque non*
« *extentivo, adhùc expectent, ea ad præterita omnino refe-*
« *renda sunt ; adeoque ex anterioribus legibus, nequaquam*
« *vero ex nova lege lata dijudicanda, modo non integrum*
« *sit negotium juxta novæ legis placita emendandi et*
« *perficiendi* (1). »

Merlin, après avoir cité ce passage de Reinhard,

_____

(1) *Selectæ Observationes ad Christinæum*, t. I, obs. 49, n° 5.

donne la définition suivante qui est admise par la majorité des jurisconsultes : « Les droits acquis sont ceux « qui sont dans notre domaine, qui en font partie, et « que ne peut plus nous ôter celui de qui nous les te- « nons. »

Quant à nous, malgré le respect dû au grand nom de Merlin et aux jurisconsultes qui l'ont suivi, nous ne croyons pas pouvoir adopter cette définition dans toute son étendue. Elle nous semble manquer de généralité et être trop restreinte par les mots qui la terminent : « Que ne peut plus nous ôter celui de qui nous les te- « nons. » En effet, les donations entre-vifs que se font les époux pendant le mariage, constituent bien un droit acquis, et cependant, à raison de leur caractère, l'époux qui les a faites, peut parfaitement bien les révoquer, et ôter ainsi à son conjoint le droit que celui-ci tenait de lui.

Nous aimons donc mieux définir le droit acquis par un autre de ses caractères, qui n'aura pas, comme le premier, l'inconvénient de nous faire jamais défaut. Pour nous il y aura droit acquis lorsque les conditions essentielles à son existence seront toutes réalisées ; nous entendons par conditions essentielles à son existence les conditions déterminées par la loi, et sans lesquelles le droit ne peut pas exister.

Ainsi nous considérerons comme droits acquis le droit qui résulte d'une succession déjà ouverte, d'un contrat, d'un testament, dont l'auteur est mort, d'une prescription déjà accomplie, etc.

Le droit n'en est pas moins acquis et a une existence certaine et actuelle, même lorsqu'un terme est apposé à l'exercice de ce droit, ou lorsque le droit est subordonné à une condition. La condition s'accomplissant a un effet rétroactif au temps où le germe du droit s'est formé. Il est vrai que ces droits sont moins sûrs que les droits purs et simples; cependant, tels qu'ils sont, ils font partie de notre patrimoine; nous pouvons prendre toute mesure nécessaire pour leur conservation.

Au contraire, il y a simple expectative ou faible attente, par cela seul que toutes ou une seule des conditions essentielles à l'existence du droit, ne sont pas encore réalisées, et qu'il est nécessaire d'attendre le contact d'événements ultérieurs pour la voir se développer et devenir un droit véritable.

La différence entre le droit acquis et l'expectative, est donc que le premier emprunte son existence, sa validité à des faits passés et définitifs, tandis que la seconde, pour se compléter et se convertir en droit, a besoin de l'avenir.

Ainsi le testament, aussi longtemps que vit le testateur, engendre des expectatives et non des droits. Il importe peu que l'état mental du testateur s'oppose à une rétractation du legs; il importe peu que toutes les probabilités soient en faveur de la survie du légataire au disposant. Aucun droit n'est encore acquis, parce que la mort du testateur est la condition normale, essentielle d'un droit sur sa succession, parce que les droits qui découleront du testament n'auront jamais, et quoi qu'on suppose, de date qu'à partir d'un événement à venir, la mort du testateur.

Il en est de même relativement à une prescription

acquisitive, dont la dernière heure de possession n'est pas encore écoulée. Le dernier moment de la possession est aussi essentiel d'après la loi que le premier pour que l'effet de la prescription soit produit. Dans ce cas, il y a ceci de remarquable que la prescription accomplie a un effet rétroactif à la date de son commencement. Mais il n'en est pas moins vrai que la durée entière de la possession exigée par la loi est comprise dans les conditions normales, essentielles, fondamentales de l'effet attaché par la loi à la prescription.

La distinction ainsi bien établie entre l'expectative et le droit acquis, il est indispensable de faire remarquer que les expectatives ne sont pas toutes régies par le même principe, c'est-à-dire qu'elles ne sont pas toutes également détruites par la loi nouvelle.

Il y a deux espèces d'expectatives : celles qui prennent leur source dans les dispositions seules de la loi, dans des faits, dans des actes, auxquels la personne qui se prévaut de l'expectative n'a pris aucune part : par exemple, l'espérance qui naît pour le légataire d'un testament du vivant du testateur; l'attente d'un débiteur de voir se prescrire l'action de son créancier, par l'inaction de ce dernier dans le temps fixé par la loi, etc., et celles qui ont été créées par le concours de la volonté de celui qui en réclame le maintien et la réalisation, et qui se lient comme accessoires à un état de choses principal sur lequel la loi nouvelle n'a pas d'empire; par exemple, des époux se sont mariés sous l'empire d'une loi qui permettait de faire ou de changer les conventions matrimoniales durant le mariage. La faculté pour ces époux de compléter l'union de leurs personnes par le règlement de leurs intérêts pécuniaires est au moins une expectative respectable.

De même, une institution contractuelle est faite par contrat de mariage sous l'empire d'une loi qui le permet ; le mariage se célèbre. Puis, alors que l'auteur de l'institution est encore vivant, une loi nouvelle abolit les institutions contractuelles ; l'espérance pour l'époux institué de trouver dans cette institution la subsistance de la famille issue du mariage, est une expectative respectable.

Sur la première espèce d'expectatives, la loi nouvelle exerce toute son influence ; elle enlève les espérances, les attentes que les parties avaient pu concevoir ; elle les empêche de se réaliser.

Quant à la seconde espèce d'expectatives, la loi nouvelle doit les respecter ; elles sont assimilées aux droits acquis ; c'est la loi ancienne qui les régira, quoique accomplis sous l'empire d'une loi postérieure ; et c'est à juste titre qu'on assimile ces dernières expectatives aux droits acquis : celui qui, par un acte émanant de sa volonté, s'est constitué une certaine attente légitime, et qui s'est soumis aux conséquences d'une situation désormais irrévocable en comptant sur des espérances concomitantes, souffrirait beaucoup de la non-réalisation de son attente, et ne doit pas être déçu dans ces espérances par un changement de législation.

Notre règle donc pour le principe de la non-rétroactivité se résume ainsi : La législation nouvelle ne peut porter aucune atteinte aux droits acquis lors de sa promulgation ; de même, elle n'a pas d'empire sur les simples expectatives, lorsqu'elles sont nées du concours de la volonté de celui qui s'intéresse à leur réalisation, et sont comme une dépendance d'un état de choses principal, que la loi nouvelle maintient ; au contraire, la nouvelle législation régit les autres expectatives, notamment celles qui ont leur source dans la loi, ou qui se sont formées sans la participation de la volonté de celui qui en bénéficierait. »

A cette règle, nous ajoutons seulement comme exception que les lois qui exigent, pour l'efficacité d'un droit ou la réalisation d'une expectative, l'accomplissement de certaines formalités qui dépendent de la volonté de celui à qui cette formalité est imposée, et dont l'accomplissement est facile, peuvent s'appliquer au passé ; mais il faut que le législateur se soit expliqué et ait fixé un délai. L'atteinte aux droits acquis est si légère qu'elle ne donne lieu à aucun inconvénient ; mais le juge ne peut pas organiser le mode de la rétroactivité.

Nous ferons observer que nous n'avons pas, comme plusieurs auteurs, distingué entre les effets et les suites des actes ou contrats accomplis et devenus efficaces sous l'empire de la loi ancienne, entre les *effets* qui seraient soustraits à l'application de la loi nouvelle et les *suites* qui tomberaient sous le coup de cette loi. Nous croyons que cette distinction est chimérique ; nous donnerons comme preuve, notamment, le désaccord qui existe entre ces auteurs, sur ce qui est dans chaque espèce un effet ou une suite. Nous nous bornons à poser en règle que les actes accomplis sous une loi doivent continuer à être régis par cette loi dans toutes leurs conséquences, nonobstant un changement de législation.

Pour compléter notre théorie, nous devons encore exposer les règles de l'application des lois qui déterminent la forme extérieure des actes et les moyens de preuves.

La forme extérieure des actes est réglée par la loi du jour où les actes sont faits. Le principe : *Tempus regit actum*, est beaucoup plus fort et plus énergique que le principe analogue : *Locus regit actum*. Le premier n'admet pas d'exception ; jamais on ne peut suivre la loi d'un autre temps pour la forme d'un acte. Les lois sur les formes sont impératives. Pour que l'acte soit valable, on est obligé de suivre les formalités que la loi en vigueur détermine. Il serait donc injuste de punir, en invalidant son acte, une personne qui s'est soumise à la loi et a fidèlement accompli tout ce que celle-ci ordonnait. Lui reprocher de n'avoir pas prévu le changement de législation, ce serait évidemment joindre le ridicule à l'iniquité.

Des doutes peuvent s'élever lorsque la loi nouvelle simplifie les formes d'un acte pour lequel on n'a pas observé toutes celles exigées par la loi sous l'empire de laquelle l'acte s'est passé. Dans ce cas, on pourrait vouloir, dans le but de maintenir l'acte, admettre sa validité, si, irrégulier d'après la loi de son origine, il était régulier aux yeux de la loi nouvelle qui s'est relâchée de quelques-unes des exigences de l'ancienne loi.

Mais, même dans ce cas, notre règle est générale ;

la loi en vigueur doit régir la forme extérieure des actes : a-t-on satisfait à toutes ses prescriptions, l'acte est valable, même si une loi vient postérieurement exiger de nouvelles formalités. Au contraire, si l'on ne s'est pas conformé aux dispositions en vigueur, l'acte est nul, même dans le cas où une loi nouvelle ne les exige pas.

La nullité d'un acte irrégulier engendre pour une partie et ses ayants-cause le droit de repousser les effets de cet acte. Le législateur ne doit pas être présumé avoir voulu enlever le droit acquis à ces personnes.

Nous ne donnerions pas la même solution s'il s'agissait d'un acte qui, comme le testament, ne produit pas d'effets immédiats. La loi qui simplifie les formes s'appliquera, suivant nous, aux testaments déjà faits, dont les auteurs sont encore vivants; car les héritiers légitimes n'ont pas encore acquis le droit de se prévaloir de la nullité.

Pour les lois sur les preuves, on doit faire une distinction : S'agit-il d'admettre tel ou tel mode de preuve ? il faut se reporter à l'époque à laquelle ont été accomplis les faits dont on veut établir l'existence, parce que le mode de preuve se rattache essentiellement au fond, et que par conséquent c'est un droit acquis pour celui qui l'invoque. Celui qui acquiert un droit se précautionne d'une preuve. Lui refuser cette preuve qui alors était légale, ce serait lui enlever le moyen de défendre son droit en justice, ce serait lui enlever le droit lui-même. S'agit-il des règles qui régissent la procédure de la preuve ? c'est la loi nouvelle seule qui s'applique; cela

tient à l'ordre public, il ne peut y avoir de droits acquis.

Nous terminerons cette partie générale en faisant une
exception. Nous avons dit que certaines lois, à cause de
leur caractère, ou parce que le législateur l'a expressément ordonné, règlent le passé comme l'avenir; ces
lois, par exception, n'ont aucun effet sur les jugements et
sur les transactions qui leur étaient antérieurs.

La raison est, suivant certains auteurs, que le jugement comme la transaction transforme complétement
le rapport du droit primitif; c'est une cause nouvelle
de droit; la première a disparu; elle est remplacée par
le jugement ou la transaction. C'est un nouveau rapport
de droit créé entre les parties, de telle sorte que ce
serait à un droit tout différent que s'appliquerait la loi
rétroactive nouvelle. La nature du jugement et de la
transaction fait que les droits qui en découlent sont dés
ormais inviolables; soumis à leur loi d'origine, ils n'en
connaissent jamais d'autre. Aucune rétroactivité ne
pourra les atteindre. Mais cette démonstration pourrait
soulever quelques objections qui ne seraient peut-être
pas sans de sérieux fondements; nous aimons donc
mieux justifier autrement l'exception que nous proposons. Les jugements et les transactions ont pour but
d'apaiser toute discussion, de prévenir toute contestation, d'inspirer une grande confiance et une grande
sécurité; il faut donc, pour que ce but puisse être atteint,
qu'ils soient à l'abri de toute modification ultérieure,
que les décisions qu'ils renferment soient désormais
inattaquables, et que les parties les considèrent comme

l'unique loi qui doit à tout jamais régir les rapports dont ils se sont occupés.

Notre exception ne s'applique pas seulement au jugement définitif, mais même au jugement soumis à l'appel, si la nouvelle loi vient à paraître dans le cours de l'instance sur l'appel.

On pourrait nous opposer que l'appel, de sa nature, remet les choses dans l'état où elles étaient avant le jugement ; mais ce principe ne doit être admis qu'avec certaines restrictions ; il n'a d'application que lorsque le juge infirme un jugement pour erreur de fait ou erreur de droit : or ici rien de tout cela ; car le juge de première instance ne pouvait prononcer que suivant la loi en vigueur à l'époque du jugement, et par conséquent le juge d'appel ne peut infirmer un pareil jugement.

Les termes mêmes par lesquels les Cours infirment un jugement, fournissent un appui à notre observation : « Par ces motifs la Cour infirme et met le jugement dont « est appel à néant ; émendant et faisant ce que les pre- « miers juges auraient dû faire, ordonne.... etc.... »

En effet, si la Cour infirme un jugement pour appliquer la loi nouvelle, elle ne fait pas ce que le tribunal aurait dû faire, car le tribunal ne pouvait appliquer une loi avant son existence.

Il en est de même pour ces jugements ou arrêts qui n'ont d'autre voie de réformation que le pourvoi en cassation ; c'est-à-dire, que le pourvoi fondé sur une roi postérieure au jugement ou à l'arrêt, doit être lejeté.

Nous avons dit que les lois interprétatives ont la date de la loi ancienne et qu'elles s'appliquent aux faits antérieurs sans même rétroagir.

Cependant elles n'enlèvent point leur efficacité aux transactions et aux jugements qui ont eu lieu avant leur promulgation, et qui ont suivi une autre interprétation. Car si les parties ont admis une interprétation qui n'était pas la véritable, il y a erreur de droit de leur part, et les transactions, d'après l'article 2052 du Code Napoléon, ne peuvent être attaquées pour cause d'erreur de droit. Quant aux jugements, s'ils sont définitifs, il en est de même que pour les transactions; leur efficacité subsiste tout entière. Si, au contraire, il leur reste encore une voie de réformation, alors on admet généralement que le juge devant lequel ce jugement est attaqué, peut se référer à la seule interprétation saine de la loi, c'est-à-dire à celle que la loi nouvelle interprétative a fait prévaloir, et infirmer ou casser la décision antérieure contraire, qui lui serait déférée.

Enfin, lorsque les parties expriment clairement leur intention de renoncer aux droits acquis sous la législation précédente, nul doute que la loi nouvelle ne doive s'appliquer, mais, dans cette circonstance, ce n'est pas la loi nouvelle qui rétroagit, c'est la volonté des parties qui règle les choses dont elle peut parfaitement bien disposer.

Nous avons supposé jusqu'ici deux lois expresses qui se succèdent et se contredisent. La question de rétro-activité peut se présenter encore quand une loi nouvelle s'occupe de faits que la loi antérieure n'avait point prévus, point réglés. Le silence de la loi ancienne est-il une raison de donner un effet rétroactif à la loi nouvelle qui défend ou qui réglemente? Non assurément, et cette question doit être ramenée sous l'empire des principes déjà posés, par cette considération que ce que la loi ne défend pas est permis. C'est donc comme si la loi ancienne avait explicitement permis ce qu'elle ne défendait pas.

Dans la théorie que nous venons d'exposer, nous n'avons tenu aucun compte d'une distinction à laquelle certains auteurs d'une grande renommée attachent beaucoup d'importance. Cicéron, Domat (1) et d'Aguesseau (2) séparent les lois en lois naturelles et lois arbitraires : les premières énoncent des principes que l'homme trouvait déjà écrits dans sa conscience — ou dans sa raison; les secondes introduisent des institutions d'un caractère positif, artificiel et de création humaine. Les lois naturelles, suivant ces auteurs, auraient un effet rétroactif; les lois arbitraires seules seraient restreintes aux faits postérieurs à leur promulgation.

Domat cite comme exemple d'une loi naturelle, celle qui a déclaré les donations révocables pour cause d'ingratitude.

Nous croyons devoir repousser cette distinction : elle nous paraît dangereuse. Dans notre état actuel de législation, les particuliers qui se conforment aux lois positives existantes, ne doivent pas avoir à redouter une promulgation tardive de principes que l'on déclarerait

(1) *Les Lois civiles*, liv. prélim., tit. 1, sect. 1.
(2) OEuvres compl., t. XIV, p. 5.

rationnels et naturels. La raison n'est pas infaillible.
Les préceptes de la conscience, au delà d'un certain
cercle d'idées communes à tous les hommes, n'ont plus
la même fixité, la même certitude. Les révolutions dans
les mœurs, sont considérées comme essentiellement
conformes à la nature de l'homme ; ce qui jusqu'alors
n'était pas envisagé ainsi. Que de causes de déceptions
et d'inquiétudes !

Domat cite un principe, celui de la révocation des
donations pour ingratitude, que le législateur romain a
mis des siècles à reconnaître et à formuler. Peut-on
faire un reproche aux particuliers de n'avoir pas conçu
à l'avance d'eux-mêmes, ce que le législateur a eu tant
de peine à dégager et à mettre en lumière !

DEUXIÈME PARTIE

APPLICATION DES PRINCIPES GÉNÉRAUX

CHAPITRE PREMIER

LOIS RÉGLANT L'ÉTAT ET LA CAPACITÉ DES PERSONNES

Comme nous l'avons dit dans notre première partie, l'état et la capacité des personnes sont régis par des principes complétement différents. Il faut donc prendre bien garde de ne pas confondre les lois qui concernent ces deux catégories de faits ; sans cette précaution, en effet, on arrivera peut-être à donner de très-bonnes solutions à plusieurs questions, mais jamais on ne parviendra à établir des principes résumant et coordonnant ces solutions diverses ; ce travail indispensable est d'ailleurs le plus délicat de la matière.

Nous allons donc traiter d'abord, dans un premier paragraphe, de l'état des personnes et des résultats juridiques de la théorie que nous avons admise ; et ensuite, dans un autre paragraphe, nous appliquerons nos principes à la capacité des personnes ; mais avant tout tâchons de définir ce que nous entendons par *état*, et ce que nous appelons *capacité*.

L'*état* de la personne (*status*) est l'ensemble des qualités qui déterminent sa condition, sa manière d'être dans la famille ou dans la société ; l'*état* est par lui-même un avantage juridique ; la *capacité*, au contraire, est une aptitude, une faculté, un moyen d'acquérir certains avantages que la loi soumet à un ensemble de conditions d'âge, de sexe, de développement physique et intellectuel et autres. La *capacité* n'est pas par elle-même un avantage ; elle ouvre l'accès de certains avantages juridiques.

§ 1.

DE L'ÉTAT DES PERSONNES.

Conformément au principe posé dans notre première partie, la loi nouvelle n'a pas d'influence sur l'état des personnes ; l'état des personnes constitue un droit acquis, une propriété qui doit être aussi assurée que les autres propriétés. Souvent l'état a son fondement dans un contrat. La naturalisation n'est autre chose qu'un contrat entre la nation et celui qui a rempli les conditions exigées par la loi pour devenir regnicole. La qualité d'époux n'est autre chose que la conséquence d'un contrat entre le mari et la femme, etc. Les droits acquis de cette manière sont aussi inviolables que les droits résultant d'un contrat qui règle des intérêts pécuniaires. Quant à l'état que la personne reçoit de sa naissance, l'origine contractuelle n'est pas aussi évidente, mais nous dirons encore que l'enfant par sa naissance n'acquiert point un droit nouveau ; il vient au monde investi par transmission des droits de ses parents ; il est

regnicole parce que ses parents le sont; il est parent ou
allié des parents et des alliés de ceux à qui il doit le jour,
par l'effet de la parenté ou de l'alliance qui existe dans
la personne de ces derniers (1). Les effets de la naissance sont des effets secondaires et indirects de contrats
antérieurs, qui sont intervenus autrefois et auxquels ont
concouru les ascendants plus ou moins reculés de l'enfant qui naît aujourd'hui.

Quoique les lois nouvelles ne s'appliquent pas à l'é-
tat des personnes antérieurement acquis, elles règlent
cependant immédiatement les facultés que la loi attache à tel ou tel état des personnes. L'état en lui-même
est respecté par la loi nouvelle ; tandis qu'il n'en est pas
de même de tous les droits qui sont le résultat de cet état.
Par exemple, la qualité de père légitime, qui est le *status*,
ne peut jamais être changée par une loi nouvelle, tandis
que les droits que la loi attribue, comme la plénitude
de la puissance paternelle, le droit à des aliments et le
devoir d'en fournir, les droits de succession et de réserve dans l'hérédité de l'enfant, etc.; tout cela peut être
modifié, détruit, diminué ou augmenté par la survenance d'une loi nouvelle ; ce ne sont que des facultés
abstraites qui ne sont pas encore transformées en actes.

Maintenant examinons chacun de ces faits qui constituent l'état des personnes.

1° *L'état de sujet ou de regnicole.* — La nationalité
qui s'acquiert, soit par la naissance, soit par la naturalisation, une fois acquise, ne peut plus être anéantie

(1) Duvergier, ouvrage cité, p. 10. Merlin, loc. cit., sect. III, § 2,
art. 7.

par une loi postérieure qui en soumettrait la demande et l'acquisition à des formalités nouvelles ; elle rétroagirait, si elle enlevait la qualité acquise de regnicole, en refusant aux faits et aux actes antérieurs la puissance que leur accordait une législation précédente. C'est ainsi que la loi du 3-11 décembre 1849, sur la naturalisation en France, n'a pas enlevé la nationalité française à tous ceux qui l'avaient obtenue même depuis 1848 du gouvernement provisoire de la République, sans autre condition que la volonté même du gouvernement. L'article 5 prouve que telle a été l'intention du législateur. Cet article va plus loin ; il conserve à ceux qui avaient obtenu du gouvernement provisoire, alors *omnipotent*, une naturalisation pleine et entière, le droit d'éligibilité à l'Assemblée nationale.

Cependant on n'a rien à reprocher au législateur, lorsqu'il déclare que la qualité acquise se perdra à l'avenir par tel ou tel fait dont l'accomplissement dépend de la volonté du regnicole. Par exemple, aux termes des articles 17 et 22 du Code Napoléon, tout Français perd sa qualité par la naturalisation qu'il acquiert en pays étranger ; par l'acceptation, non autorisée par le Roi, de fonctions publiques conférées par un gouvernement étranger ; par l'établissement en pays étranger sans esprit de retour. Tout cela, ce sont autant de faits qui dépendent de notre volonté. De telles dispositions deviennent applicables aux personnes qui sont membres de la nation au moment de leur promulgation, lors même que la législation antérieure ne les aurait pas contenues.

La même considération justifie la disposition prise par la loi du 12 février 1851, qui statue sur la condition des étrangers d'origine fixés depuis longtemps sur le sôl de la France. Cette loi les déclare Français si, dans un certain délai, ils ne manifestent pas une volonté contraire. Cette attribution d'office de la qualité de Français, a été applicable aux étrangers qui se trouvaient au moment de la promulgation dans la situation décrite par la loi, à raison de faits antérieurs. Telle est la portée manifeste de la substitution du présent EST *Français*, au futur SERA *Français*, qui se trouvait dans le projet. Cette décision n'est pas injuste, à cause de la liberté qui leur est laissée de répudier par la simple expression de leur volonté la qualité de Français.

Cependant, lorsque, par suite de conquête, un territoire et ses habitants passent sous une souveraineté étrangère, alors les habitants changent de nationalité par un fait étranger à leur volonté ; mais, dans ce cas, ce n'est pas une loi nouvelle qui détruit un droit acquis précédemment, c'est un événement qu'aucun principe ne gouverne, et qui n'a d'autre règle que la volonté du vainqueur.

La loi nouvelle peut encore, sans être entachée de rétroactivité, modifier les effets attachés par la loi ancienne à tel ou tel état, à telle ou telle qualité ; par exemple, lorsqu'elle retranche un ou plusieurs droits de l'ensemble des droits civils dont jouissent les regnicoles.

2° *Condition d'étranger*. — La majorité des auteurs et des jurisconsultes, en admettant le principe suivant

du grand publiciste Vattel : « Toute nation est en droit
« de refuser à un étranger l'entrée de son pays, lors-
« qu'il ne pourrait y entrer sans le mettre en danger
« évident, ou sans lui porter un notable préjudice, »
soutiennent que si le législateur investit le gouvernement du droit d'expulser les étrangers, ce droit peut
être immédiatement exercé à l'égard d'étrangers qui seraient entrés et seraient venus se fixer sur le territoire,
sous l'empire d'une loi différente. Voyez les articles 7
et 8 de la loi du 11 décembre 1849. Mais ils enseignent
que s'il apparaissait une loi autorisant la saisie de la
personne ou la confiscation des biens de l'étranger,
cette loi ne serait pas, sans une injuste rétroactivité,
appliquée à des étrangers qui se seraient établis sur le
sol national, sous l'empire d'une loi plus tolérante.

Si le législateur, en prenant de telles mesures, avait
exprimé sa volonté d'y soumettre les étrangers actuellement fixés sur le territoire, l'interprète et le juge n'auraient plus une question de rétroactivité à résoudre.
Mais la décision législative qui enlèverait leur liberté
ou leur propriété à des étrangers ayant eu confiance
dans un régime antérieur plus humain, devrait être
blâmée comme inspirée par un esprit extrême et vio-
lent d'hostilité, et contenant un honteux manque de foi.
Forcer à quitter le territoire, forcer à liquider dans un
temps déterminé, est tout ce que peut légitimer de plus
rigoureux l'intérêt de la sécurité de l'État.

3° *État d'époux.* — L'état d'époux une fois acquis
par la célébration du mariage, pour lequel on a exécuté toutes les prescriptions des lois existantes, ne peut

plus recevoir une atteinte de lois nouvelles, qui viendraient modifier, soit les conditions d'aptitude pour contracter mariage, soit les preuves pour sa constitution. Tout cela est régi par les lois sous l'empire desquelles le mariage a été célébré. Mais s'il n'y avait encore que de simples préliminaires, par exemple des publications faites, il n'y a pas de droit acquis, et la loi nouvelle s'appliquera dans toute son étendue.

Le législateur, en prescrivant des conditions nouvelles à la célébration du mariage, veut atteindre un but moral ; et par conséquent ces conditions ne peuvent être exigées que pour les mariages à venir ; car, en les appliquant aux mariages déjà célébrés, pour les annuler, on porterait atteinte aux bonnes mœurs en effaçant la légitimité des rapports déjà créés par ces mariages ; les enfants de légitimes deviendraient naturels, la femme se trouverait dans une situation fort triste, et beaucoup d'autres personnes se seraient blessées dans ce qu'elles ont de plus sacré.

Au contraire, si la loi nouvelle est moins exigeante, que décider des mariages nuls d'après la loi ancienne, et qui réunissent les conditions plus simples dont la loi nouvelle se contente? La loi nouvelle pourrait être interprétée comme opérant à l'époque de la promulgation, la réhabilitation des mariages jusqu'alors irréguliers, et même la légitimation des enfants déjà nés. Le législateur devrait, sans aucun doute, prendre des dispositions expresses en ce sens. Mais ce que le juge ne devrait pas suppléer, ce que le législateur ne devrait pas proclamer, c'est une rétroactivité faisant considé-

rer les mariages comme valables dès l'origine, et les
enfants comme légitimes dès leur naissance. En effet, les
droits des tiers seraient atteints. La matière des successions (desquelles les enfants naturels seraient exclus)
et la matière des hypothèques (la femme ne pouvant
se prévaloir de son hypothèque légale), en offriraient de
nombreux exemples.

Mais il n'y a pas de droit acquis, comme nous le
verrons plus loin, en ce qui concerne la capacité résultant de l'état ; cette capacité est soumise à toutes les
fluctuations de la législation. C'est ainsi que la jurisprudence et la doctrine s'accordent à reconnaître, que
c'est d'après la loi du temps où une femme agit, qu'il
faut décider si l'autorisation du mari est nécessaire à
la validité de ses actes, et non d'après la loi sous l'empire de laquelle le mariage a été célébré.

Divorce. — De même tout le monde est d'accord pour
admettre que les lois nouvelles qui concernent le divorce, ont un effet rétroactif, et doivent s'appliquer
aussi aux mariages antérieurs : c'est-à-dire, une loi
qui introduit le divorce, peut être invoquée même par
des personnes qui ont contracté mariage sous une législation qui le prohibait ; et réciproquement une loi qui
abolit le divorce, rend indissolubles les unions célébrées
sous une loi qui le permettait. On a même jugé qu'on
peut obtenir le divorce pour des faits antérieurs à la loi
qui l'introduit.

Tout ce que nous venons de dire, n'est qu'une pure
application de notre principe, que les lois qui concernent les bonnes mœurs doivent être immédiatement

appliquées. Les lois sur le divorce sont d'ordre public ; elles touchent aux bonnes mœurs ; car, dans l'esprit du législateur, qu'elles admettent ou qu'elles proscrivent le divorce, c'est évidemment dans un but de moralité. Dans le premier cas, elles ont en vue la liberté individuelle à laquelle elles donnent plus d'extension ; dans le second, elles tendent à maintenir la pureté et la sainteté du mariage. Voici comment s'exprime, avec beaucoup de justesse, sur ce point, Merlin (1) :

« En le permettant (le divorce), comme en le prohi-
« bant, le législateur ne s'arrête pas à ce que les époux
« ont ou sont censés avoir voulu, au moment où ils se
« sont unis ; il ne s'arrête, et il ne doit s'arrêter qu'aux
« considérations d'ordre public qui lui paraissent en
« commander impérieusement la faculté ou la prohi-
« bition, d'après la conduite respective des époux. »

Et d'ailleurs la loi nouvelle ne blesse ici aucun droit acquis, comme le dit très-bien M. Duvergier ; l'état d'époux est la seule chose qui ait été acquise d'une manière absolue et irrévocable par le mariage ; les rapports qui en dérivent n'ont pas le même caractère de stabilité, et par conséquent la faculté attachée à l'état d'époux, de demander en justice, sous les conditions déterminées dans la loi, la dissolution du lien qu'il a contracté, ne peut valoir comme un droit acquis, non plus que l'indissolubilité de ce lien consacrée par la loi antérieure.

____

(1) Merlin, _loc. cit._, sect. III, § 2, art. 6.

Mais la loi qui prohibe le divorce, laisse subsister les divorces déjà prononcés. Elle trouve des mariages déjà dissous; elle n'en renoue pas les liens brisés; ce qui serait surtout funeste, si les époux divorcés avaient déjà usé de leur liberté pour se remarier.

Toutefois la loi nouvelle prohibitive du divorce ne doit respecter que les divorces prononcés et devenus définitifs au moment de sa promulgation; elle ne doit laisser en état de liberté que les époux dont l'union était déjà absolument dissoute.

La loi du 8 mai 1816, qui a supprimé le divorce en France, a simplifié la tâche du juge par des dispositions expresses; elle pourrait servir, par analogie, à l'interprétation d'une loi semblable; car elle a judicieusement appliqué les principes. Voici le texte de ses articles 2 et 3 :

« Toutes demandes et instances en divorce pour « causes déterminées, sont converties en demandes et « instances en séparation de corps; les jugements et « arrêts restés sans exécution par le défaut de pro- « nonciation du divorce par l'officier de l'état civil, « conformément aux articles 227, 264, 265 et 266 du « Code civil, sont restreints aux effets de la sépara- « tion.

« Tous actes faits pour parvenir au divorce par con- « sentement mutuel sont annulés; les jugements et ar- « rêts rendus en ce cas, mais non suivis de la pro- « nonciation du divorce, sont considérés comme non « avenus, conformément à l'article 294. »

On se demande si, en supposant une loi ancienne,

qui, tout en admettant le divorce, défendrait à l'époux
coupable contre lequel le divorce avait été prononcé, de
se marier avec son complice, il est permis à cet époux,
après la promulgation d'une loi nouvelle abolitive du
divorce, de s'unir à la personne que la législation antérieure lui défendait d'épouser? On a décidé la négative,
et avec juste raison, parce qu'autrement il y aurait rétroactivité de la loi nouvelle; la prohibition en question
n'est qu'un effet auquel le divorce a donné naissance
avant la loi nouvelle, et par conséquent elle doit continuer d'exister, malgré l'abolition du divorce (1).

Faisons observer que les raisons morales de la prohibition conservent toute leur force aux yeux des auteurs
de la loi nouvelle, et que le mariage du coupable avec
son complice ne serait qu'une offense de plus au principe de l'indissolubilité du mariage.

Une autre question assez importante se présente encore, celle de savoir si les époux divorcés, qui, d'après
la législation en vigueur au moment de leur divorce,
ne pouvaient jamais se réunir, ainsi que l'exprimait
nettement l'article 295 du Code Napoléon, peuvent
échapper à cette prohibition, grâce à une loi qui abolit
le divorce. La négative a des partisans et semble conforme à la solution précédente. La défense édictée par
l'article 295, n'est-elle pas un effet attaché au divorce,
et produit par un divorce auquel la loi nouvelle ne porte
aucune atteinte?

Cependant la majorité des auteurs a admis l'affir-

____

(1) Toullier; Merlin, *loc. cit.*, sect. III, § 2, art. 6; Duvergier, *loc.
cit.*, p. 24.

mative à juste titre, parce que, d'un côté, la raison qui existait sous la loi ancienne, et qui était de prévenir l'abus du divorce, est enlevée par la loi nouvelle, et que, d'un autre côté, cette faculté pour les anciens époux de se réunir, paraît pleinement entrer dans l'esprit de la législation qui veut que les époux, une fois engagés, restent indissolublement unis jusqu'à la mort. En outre, cette réunion est favorable à la famille et à la société, et elle ne lèse dans aucune personne un droit acquis.

4° *État de père et d'enfant.* — Ces qualités civiles sont ou légitimes, ou naturelles, ou adoptives ; nous allons traiter de chacune d'elles successivement. L'état de père ou d'enfant légitimes, est, comme nous l'avons démontré au commencement de ce chapitre, le résultat d'un contrat, et par conséquent il est un droit acquis auquel la loi nouvelle ne doit pas s'appliquer. La question peut se présenter dans le cas où la loi postérieure rend la preuve des faits civils, d'où découlent ces qualités, plus difficile qu'elle ne l'était au moment où elles ont été acquises. Ainsi, la paternité et la filiation légitimes étant les résultats d'un mariage, pour les prouver on doit établir l'existence du mariage. Si donc cette union a été contractée sous une loi antérieure, ce seront les dispositions de cette loi qui, à toute époque, détermineront le mode suivant lequel l'existence de cette union devra être prouvée. Il en est de même si la loi nouvelle est plus exigeante, plus étroite quant à la durée probable de la grossesse, ou si elle introduit de nouvelles causes de désaveu ; on ne suivra, dans tous les cas, que la loi ancienne, c'est-à-dire, la loi du moment de la conception. Ainsi, suivant nous, la loi du 6 décembre 1850, qui permet le désaveu en cas de séparation de corps, n'aurait pas été applicable à un enfant conçu avant sa promulgation. Quant aux effets respectifs que ces qualités produisent, ils sont régis par un tout autre principe, comme nous le verrons plus loin, en traitant de la capacité des personnes.

Venons à l'état de père et de fils naturels. Cette qualité n'est autre chose qu'un fait légalement constaté; il forme un droit acquis que la loi nouvelle doit respecter. La question de non-rétroactivité peut se présenter dans deux cas : 1° Lorsqu'un enfant est né sous une loi qui permet la recherche de la paternité naturelle — ce qui avait lieu presque dans toutes les anciennes législations — si une loi nouvelle vient, comme l'a fait le Code Napoléon, art. 340, prohiber ces recherches très-souvent scandaleuses ; 2° lorsqu'un enfant est né sous une loi qui ne défend pas la reconnaissance de l'enfant naturel, s'il survient une autre loi qui défend absolument cette reconnaissance, ainsi que cela se rencontre dans quelques législations allemandes.

Dans tous ces cas, nous croyons, avec la majorité des auteurs (1), que l'état d'enfant naturel est un droit acquis, et que la loi postérieure ne peut y apporter aucun changement, lorsqu'un jugement déclaratif de paternité ou de maternité a été rendu, ou qu'une reconnaissance a été régulièrement faite sous l'empire de

____

(1) Savigny, *loc. cit.*, 399; Mayer, pp. 100, 101 ; Weber, pp. 79, 82 ; Pinto, annotateur de Mayer, pp. 144, 145.

la loi ancienne. Dans ce cas, la loi nouvelle, à juste raison, ne peut plus modifier l'état de cette personne, car ce qui auparavant n'était qu'une simple faculté, est réduit en acte, et se trouve être un droit acquis que toute loi doit respecter; mais suffirait-il qu'un individu fût né sous l'empire d'une loi qui l'autorise à rechercher ses auteurs, ou qui permet à ces derniers de le reconnaître, pour que la loi nouvelle ne pût pas enlever aux uns et aux autres cette faculté, et que la loi en vigueur au moment de la conception quant à la preuve de la filiation fût toujours applicable? Ou bien, au contraire, doit-on croire que la loi nouvelle, plus restrictive quant aux modes de preuve, enlève aux parties une faculté dont elles n'ont pas encore usé ou profité, de manière que le père et l'enfant qui n'ont pas obtenu un jugement déclaratif de leur état, ou l'enfant naturel qui n'a pas été reconnu, perdront l'un et l'autre la faculté, qui leur était primitivement accordée, de rechercher judiciairement leur état, et l'enfant le droit qu'il avait à être reconnu par son père? C'est dans ce dernier sens que s'est prononcée la majorité des auteurs. D'après leur sentiment, ce ne sont là que de simples facultés, qui ne confèrent des droits acquis que lorsqu'on en a usé, que lorsqu'on les a réalisées en actes. Cette opinion invoque en outre les considérations les plus sérieuses d'ordre public et de morale.

Les auteurs qui professent l'opinion contraire, s'appuient sur ce que l'objet direct de l'action en déclaration de paternité est, dans beaucoup de pays, de faire dé-

clarer le père assujetti à l'obligation de procurer des
aliments à son enfant ; que dès lors, défendre à l'enfant
la recherche de la paternité, c'est lui enlever un droit
dont la nature l'a investi. Cette raison n'est pas suffisante ; car puisque nous supposons que la loi actuelle
prive l'enfant de ce droit, ou du moins le subordonne
à d'autres conditions, c'est que la société croit nécessaire, pour sauvegarder les intérêts généraux auxquels
elle a mission de veiller, de demander à l'enfant le
sacrifice de ce droit que l'on dit lui être naturel ; or,
elle en a le pouvoir. Cela étant, qu'elle l'en prive un
peu plus tôt ou un peu plus tard, qu'elle s'applique à
un plus ou moins grand nombre d'enfants naturels, peu
importe ! Ce qui est juste pour les enfants nés aujour-
d'hui, ne peut pas être injuste pour ceux nés hier : la
faculté qu'avaient ceux-ci, n'était pas un droit absolu ;
tant qu'elle n'a pas été exercée, elle demeure subor-
donnée à la volonté du législateur, qui peut la maintenir ou la retirer.

Nous croyons pourtant, quant à nous, que la première opinion ne doit être acceptée qu'avec un tempérament.

Sans doute, il est sage et convenable de soumettre
les faits anciens non encore légalement constatés, aux
modes de preuves déterminés par la loi nouvelle, parce
que dans la matière de la filiation naturelle, c'est l'ordre
public et la morale qui dictent au législateur ses inspira-
tions, et que les tribunaux ne doivent plus admettre,
même pour des faits anciens, des facilités de preuve
que la loi nouvelle répudie comme pouvant donner

lieu à des scandales ou à des recherches immorales.

Mais nous voudrions que l'enfant conservât, nonobstant la survenance d'une loi contraire, la faculté de prouver son état, non-seulement par une reconnaissance déjà faite, mais encore par une possession d'état déjà constante avant sa promulgation. Une loi admet la possession d'état comme preuve de la filiation naturelle. Un père dépose dans les actes de toute sa vie l'aveu de sa paternité; il ne croit pas avoir besoin d'aller devant un notaire. La loi change, et exclut la preuve par la possession d'état. Le père est mort ou en démence: peut-on enlever justement à cet enfant le bénéfice de la possession d'état?

L'état de père ou d'enfant adoptifs étant aussi le résultat d'un contrat, et par conséquent un droit acquis, la loi nouvelle ne le concerne pas du tout; une fois ce contrat réalisé d'après les formes que la loi en vigueur prescrit, il est irrévocable, quoique la loi nouvelle exige des formalités qui n'ont pas été accomplies. C'est ce qu'a décidé la loi transitoire du 25 germinal an XI, pour toutes les adoptions faites antérieurement au Code, d'après les formalités du temps.

On s'est demandé, après la promulgation du Code Napoléon, si l'adoption d'un enfant naturel légalement reconnu, accomplie avant 1804, pouvait être critiquée sous le Code, considéré comme contraire à l'adoption des enfants naturels légalement reconnus. On a décidé, conformément au principe posé ci-dessus, que l'adoption devait être maintenue. La législation antérieure ne contenant aucune prohibition sur la matière, aucune incapacité ne peut être opposée, tous étaient également habiles à adopter et à être adoptés (1).

5° *État de mort civilement.* — Si l'on ajoute au principe déjà cité, que *l'état des personnes est réglé d'après les dispositions de la loi en vigueur au moment où l'état se constitue,* l'autre principe : *qu'un arrêt prononçant une peine portée par la loi, une fois passé en force de chose jugée, est perpétuel et irrévocable,* nous sommes conduits à donner la solution suivante sur l'état de mort civilement.

Dans un pays où la mort civile existait, si une loi vient abolir cette odieuse institution sans statuer expressément sur les personnes qui ont été précédemment frappées de cette peine, comme le faisait en France la loi du 2 mai 1854, art. 4, ces personnes ne verront point du tout leur état modifié. Telle a été du moins l'interprétation donnée à l'article 4 du Code civil des Pays-Bas statuant comme il suit : « Aucune peine n'emporte « la mort civile ou la perte de l'ensemble des droits « civils. » L'autorité de la chose jugée doit être respectée; et il ne reste qu'au législateur, s'il le veut, de faire anéantir la peine par une disposition expresse.

C'est ce qu'a fait le législateur français lorsqu'il a aboli la mort civile. L'article 5 de la loi du 31 mai 1854 est ainsi conçu : « Les effets de la mort civile cessent « pour l'avenir à l'égard des condamnés actuellement « morts civilement, sauf les droits acquis aux tiers. « L'état de ces condamnés est régi par les dispositions

______

(1) Arrêt de la Cour de Nîmes du 14 mars 1812.

« qui précèdent. » Il est vrai que l'article suivant paraît rétracter ce bénéfice, en ce qui concerne les condamnés à la déportation. Mais il faut restreindre l'effet de ce dernier article à ceux qui ont été condamnés à la déportation en vertu de la loi du 16 juin 1850, qui organisait pour ces déportés un régime plus doux encore que celui de la loi de 1854.

Mais il en sera autrement si la loi nouvelle vient substituer, contre tel ou tel crime, aux peines perpétuelles dont la mort civile est une dépendance, des peines temporaires, et ajoute expressément que les peines perpétuelles, quoique déjà prononcées et appliquées, ne seront plus perpétuelles, et seront converties en peines temporaires : la mort civile s'efface. C'est la même chose lorsque la loi supprime toute autre cause dont la mort civile est la conséquence. C'est ce qui a eu lieu en France en 1790 pour les lois qui ont aboli les vœux monastiques ; elles ont fait cesser la mort civile dont étaient frappés les religieux profès : *cessante causa, cessat effectus*. Mais dans ces hypothèses la vie civile est recouvrée seulement pour l'avenir, ou, comme le dit la loi de 1854 citée *suprà* : les droits acquis aux tiers sont respectés.

§ 2.

DE LA CAPACITÉ DES PERSONNES.

Nous traiterons dans ce paragraphe de la capacité des personnes. Elle est, comme nous l'avons dit, régie par un tout autre principe que l'état des personnes ; les lois nouvelles qui modifient la capacité des personnes s'appliquent immédiatement à tous, parce qu'elles sont liées à l'ordre public, et qu'elles ne privent personne d'un avantage déjà réalisé et faisant partie de son patrimoine; cependant tout ce qui a été réduit en actes, en conformité avec la loi ancienne, et sous l'empire de celle-ci, doit être respecté par la loi nouvelle.

1° *Puissance paternelle.* — L'application de notre principe se présente ici dans deux cas : 1° Une loi qui affranchit de la puissance paternelle les enfants au-dessus d'un certain âge, profite aussi aux enfants nés sous la loi d'après laquelle ils devaient rester quelque temps encore, ou pour toujours, sous cette puissance : par exemple dans les pays qui étaient régis par les dispositions du droit romain, les enfants n'étaient affranchis de la puissance paternelle que par un acte spécial d'émancipation, ou par leur promotion à des fonctions publiques dont le caractère et l'importance exigeaient que ceux qui devaient les remplir fussent *sui juris;* si une loi était venue modifier cet état, et déclarer émancipés les enfants qui auraient atteint un certain âge fixé par elle, cette loi eût été souveraine et eût profité à tous. C'est d'ailleurs ce qui a eu lieu pour les pays de droit écrit, lors de la promulgation de la loi du 28 août 1792.

2° Réciproquement une loi qui pour la première fois crée la puissance paternelle dans un pays où elle n'était pas reconnue, s'applique même aux enfants nés avant sa promulgation, comme cela est arrivé pour les enfants nés sous l'empire de la Coutume de Senlis, où il était de maxime que le droit de la puissance paternelle n'avait lieu. Le Code Napoléon y a soumis toutes les personnes qui n'avaient pas encore atteint l'âge fixé par la loi pour la majorité ou obtenu régulièrement leur émancipation.

De même, avant le Code civil, dans plusieurs parties de la France, la puissance paternelle n'était attribuée qu'au père; le Code en a investi aussi la mère veuve, et il a été généralement admis qu'elle peut l'exercer, même dans le cas où le père est décédé sous l'ancienne législation.

Personne ici ne peut se plaindre pour les changements que la loi fait. L'enfant n'en a pas le droit, parce que, dans tous les cas, ces dispositions sont une protection pour lui; le père n'a acquis, non plus, aucun droit; tout ce que la loi ancienne lui a accordé, et tout ce que la loi nouvelle lui enlève, était organisé dans l'intérêt seul de l'enfant; ajoutez à cela que ces règles intéressent la société tout entière et l'ordre public, et que tout citoyen est soumis à tous les sacrifices qu'impose l'intérêt général.

La puissance paternelle confère au père des droits non-seulement sur la personne de l'enfant, mais aussi sur les biens de celui-ci, et ces droits doivent marcher de front; ainsi la loi du 28 août 1792, en enlevant au père la puissance paternelle qu'il avait sur le fils majeur, lui a ôté également le droit d'usufruit qu'il avait sur les biens de son enfant en majorité. De même, quand le Code a établi cette puissance, jusqu'à l'âge de vingt et un ans, là où elle n'était pas, il y a attaché aussi le droit de jouissance des biens échus, même avant le Code, à ceux qui sont tombés sous la puissance paternelle, et la raison en est que l'enfant qui profite de cette protection doit en subir les charges ; en outre la jouissance de l'usufruit légal est un auxiliaire, un accessoire du droit que le père a sur la personne de l'enfant, et ainsi elle doit suivre le principal.

Il n'en est pas de même pour le père et la mère naturels ; ils n'ont aucun droit sur les biens de leur enfant naturel ; la loi ne leur accorde de droit que sur sa personne ; et, d'après certains auteurs, ces droits sont même très-restreints. Le législateur a pensé qu'il serait bien dangereux de leur accorder la jouissance légale des biens de leur enfant ; ce serait, en quelque sorte, encourager le concubinat et donner lieu à des abus.

2° *Puissance maritale.* — La puissance du mari sur la femme est double, comme la puissance paternelle ; elle s'exerce sur la personne et sur les biens : sur la personne, elle place la femme dans la nécessité de suivre son mari ; sur les biens, elle crée la nécessité de l'autorisation pour la femme qui veut contracter. Sous ce double rapport, elle est soumise à tous les changements de la législation. Par exemple, la loi nouvelle concerne-t-elle les devoirs d'obéissance de la femme dans la famille ? elle doit s'appliquer immédiatement, même aux époux qui ont été mariés avant sa promulgation ; une loi qui introduit ou modifie le système de l'autorisation maritale, est, aussitôt après sa promulgation, applicable aux époux antérieurement mariés. La puissance maritale est organisée par le législateur en vue de l'honnêteté publique et de l'intérêt social, auxquels se joint l'intérêt de la famille. La preuve de ce que nous disons se trouve dans la doctrine universellement admise, qui défend impérieusement de déroger à la puissance maritale, proclamant celle-ci d'ordre et d'intérêt publics, et la soumettant ainsi à toutes les fluctuations de cet intérêt général. L'article 223 est conçu dans cet ordre d'idées.

Notre solution est consacrée par la jurisprudence française. La Cour de cassation a plus d'une fois décidé qu'une femme mariée sous une législation qui lui permettrait d'aliéner ses biens paraphernaux de sa seule volonté, avait, sous l'empire du Code Napoléon, perdu cette liberté, et avait désormais besoin de l'autorisation de son mari pour les aliéner. Il s'agissait, dans les espèces, de femmes mariées dans les provinces méridionales de la France, qui étaient régies par le droit romain et où, par suite, l'autorisation maritale était inconnue (1).

Il ne faut pas confondre avec la puissance maritale et ses attributs, qui sont des conséquences attachées à tout mariage, les pouvoirs que le mari tient des conventions matrimoniales intervenues entre les époux ou les futurs époux. Le plus souvent ces pouvoirs dérivent d'un mandat plus ou moins étendu que la femme a donné, ou est présumée avoir donné à son mari pour l'administration de ses biens ; c'est donc le résultat d'un contrat, et la loi nouvelle, postérieure à la célébration du ma-

____

(1) Arrêts de la Cour de cassation des 17 novembre 1832, inséré dans Dalloz, 1833, part. 1, p. 15, et 7 décembre 1836, inséré dans Carette et Devillen., 1837, part. 1, p. 466.

riage, ne doit exercer aucune influence, ni sur l'efficacité d'un tel contrat formé expressément, ni sur l'interprétation de la volonté des époux qui n'ont rien exprimé en se mariant.

La Cour de cassation s'est placée à ce point de vue, en décidant qu'une femme qui, d'après la législation en vigueur à l'époque de son mariage, pouvait seule aliéner ses biens dotaux, n'avait pas été privée de cette faculté par la promulgation du Code Napoléon (1).

En résumé, il faut distinguer dans les rapports entre les époux, ce qui est établi dans un intérêt d'ordre public et qui n'est pas matière à convention, de ce qui, regardant les intérêts privés, est abandonné à la liberté des conventions.

La capacité de la femme peut être examinée, même lorsqu'elle n'est pas mariée : si, par exemple, une loi, comme le sénatus-consulte Velléien en droit romain, survient et défend à la femme *intercedere pro alio*, toutes les femmes seront à l'instant privées de cette faculté ; mais ce qui a été régulièrement accompli avant cette époque, c'est-à-dire l'engagement qu'une femme aurait contracté pour la garantie de l'obligation d'une autre personne, avant la promulgation de la loi nouvelle, devra, comme nous l'avons dit, être toujours respecté.

Il en est de même pour le cas où, dans un pays quelconque, cette prohibition existerait ; si une loi nouvelle vient à la détruire, toutes les femmes acquièrent à l'instant la capacité nécessaire à ces engagements. Toute-

(1) Cassat., 16 mai 1843. Devill., 1843, 1, 584.

fois, les cautionnements donnés par elles, avant la loi qui les en a rendues capables, ne sont point valides, comme certains auteurs l'ont cru à tort (1).

3° *Tutelle.* — Tout ce que nous avons dit pour la puissance paternelle, s'applique pareillement ici ; les dispositions nouvelles sur la tutelle s'appliquent immédiatement à tous : elles sont une protection pour l'impubère, protection qui est un devoir et un droit pour l'État, et que celui-ci fait exercer et remplir par la personne que la loi a déléguée.

Il est bien entendu que pour les actes faits par le tuteur pour le compte du pupille, leur validité et leurs effets à l'égard des tiers d'une part, et la responsabilité du tuteur d'autre part, seront toujours jugés d'après la loi en vigueur au moment de leur accomplissement. La loi nouvelle qui modifierait les pouvoirs du tuteur, et l'étendue de sa responsabilité, ne concernerait que les actes postérieurs.

Quant aux garanties que le tuteur doit fournir, quant à l'hypothèque légale sur les immeubles du tuteur, établie par une loi nouvelle, cette hypothèque frapperait-elle les biens des tuteurs déjà en fonction ? Nous ferions une distinction :

S'agit-il d'un tuteur qui n'aurait pas pu et ne pourrait pas décliner la charge de la tutelle ? L'hypothèque légale s'établira immédiatement sur ses biens, mais cette hypothèque prendra rang, au plus tôt, du jour de la promulgation de la loi d'où elle dérive.

(1) Duvergier, *loc. cit.*, p. 105 ; Merlin, *loc. cit.*, p.   ; Zachariæ, Aubry et Rau, t. I, p. 56. — Contre : Mayer, Chabot, t. III, p. 243.

S'agit-il d'un tuteur qui a volontairement accepté la tutelle, à une époque où cette qualité n'emportait pas d'hypothèque légale? La loi nouvelle ne doit pas grever ses biens d'une charge à laquelle il ne s'attendait pas.

Nous remarquons que si la loi ancienne et la loi nouvelle admettent toutes deux l'émancipation, à partir du même âge, avec les mêmes effets, mais dans des formes différentes, l'émancipation accomplie sous l'empire de la loi ancienne et conformément à cette loi, sera maintenue sous la loi nouvelle.

4° *Majorité, Minorité.* — Les lois qui modifient la capacité des personnes à cause de l'âge, disposent de deux manières : ou bien elles restreignent l'âge de la minorité en déclarant majeur celui qui, d'après l'ancienne législation, serait resté encore quelque temps sous la puissance d'un autre, ce qui a eu lieu en France, lors de la promulgation du Code Napoléon, qui déclare majeure toute personne ayant accompli sa vingt-et-unième année; ou bien elles reculent l'âge de la majorité, en faisant ainsi attendre pour devenir majeurs plus de temps que n'en exigeait la loi ancienne, et en rendant mineurs ceux qui étaient déjà majeurs, comme cela est arrivé en Normandie, où la majorité était acquise à vingt ans accomplis, lors de la publication de la loi du 20 septembre 1792.

Dans les deux cas, la loi doit avoir tous ses effets immédiatement; elle ne prive personne d'aucun droit acquis, elle ne fait que protéger tantôt la liberté individuelle, tantôt la faiblesse intellectuelle et l'impéritie.

Voici comment s'exprime sur ce point le savant profes-
seur, M. Blondeau, dans sa dissertation sur l'effet rétroactif : « Les lois qui déterminent dans quelles cir-
« constances un individu est incapable d'administrer
« ses droits, ou de remplir les obligations imposées aux
« autres individus (par exemple, en cas de minorité,
« d'absence ou de démence), et celles qui établissent,
« dans l'intérêt des incapables, des mesures conserva-
« trices, doivent recevoir une application immédiate.
« Ainsi, l'individu qui, en vertu de la loi ancienne, avait
« cessé d'être considéré comme mineur, recommence à
« être traité comme tel, si la loi nouvelle a retardé l'é-
« poque de la majorité, et qu'il ne se trouve point
« encore parvenu à l'âge déterminé par cette loi. »

Dans le premier cas il n'y a pas même de controverse,
et les auteurs et la jurisprudence sont d'accord pour
l'application de notre principe. C'est seulement dans le
second cas, surtout lorsqu'il s'agit de faire redevenir
mineur celui qui a été majeur, que nous trouvons des
adversaires, entre lesquels nous regrettons de voir aussi
M. de Savigny (1). Ces auteurs pensent que l'état
d'une personne, qui majeure deviendrait mineure par
suite de la loi nouvelle, se trouverait ainsi empiré, et ils
ne peuvent admettre cette idée; mais ils se trompent
dans leur raisonnement, car, même dans ce cas, la loi
améliore la position de la personne dont il s'agit parce
qu'elle ne fait que la protéger : trouvant en effet, que
jusqu'à l'âge qu'elle indique, l'homme n'a pas atteint

____

(1) Ouvrage cité, § 389.

dans ses facultés intellectuelles, le développement nécessaire à l'administration de ses biens et à la conduite de sa personne, tenant compte soit de la dégénérescence intellectuelle ou morale d'une race, soit des difficultés qu'un certain genre de civilisation a pu introduire dans la conduite des affaires, soit des habitudes d'éducation qui auraient pu prévaloir, la loi nouvelle déclare que la limite d'âge fixée autrefois, ne convient plus, et elle en détermine une autre qui protége mieux, d'après elle, les différents intérêts de ceux à qui elle s'applique. Si la législation veut maintenir la position antérieure d'une catégorie de personnes, elle doit le dire expressément ; c'est ce qu'a fait le législateur hollandais dans l'article 5 de la loi transitoire dont voici le texte : « Ceux qui avant l'introduction du nou- « veau Code civil ont atteint la majorité restent ma- « jeurs, » et le législateur prussien, lors de l'introduction du Code prussien dans les provinces au delà de l'Elbe, § 14 de la loi du 9 septembre 1814.

La loi nouvelle n'a à respecter que les actes que les ci-devant majeurs ont faits; dans ce cas, en effet, il y a droit acquis, et le jurisconsulte ne peut invoquer l'application des nouvelles dispositions pour invalider ces actes.

5° *Interdiction, Conseil judiciaire.* — Dans ces matières, personne n'hésite à appliquer immédiatement à tous les dispositions de la loi nouvelle, soit qu'elle introduise de nouvelles causes d'incapacité, soit qu'elle en supprime quelques-unes qui existaient antérieurement. Mais la difficulté commence et les opinions se partagent sur le point de savoir si, lorsque la législation postérieure modifie les conséquences légales de tel ou tel degré d'abaissement intellectuel, les personnes frappées d'incapacité recouvrent sans une décision judiciaire les droits et la capacité restreinte que la loi nouvelle leur accorde. Cette divergence d'opinion provient de ce que la position de celui qui est interdit, ou à qui un conseil judiciaire a été nommé lui a été faite après une constatation du tribunal et une déclaration formelle. Une opinion s'empare de cette idée, qu'une décision judiciaire est indispensable pour rapporter celle qui a été portée, tandis que l'autre opinion admet la souveraineté de la loi. Quant à nous, nous croyons, avec la majorité des jurisconsultes, que ce changement ne doit pas s'opérer de plein droit ; ce serait, en effet, détruire le grand principe, que la chose jugée doit être strictement respectée, comme faisant autorité ; aussi, pour modifier un jugement rendu, exigerons-nous un autre jugement.

La question s'est présentée dans le cas suivant. On sait que dans presque toutes les anciennes législations la prodigalité figurait parmi les causes d'interdiction, comme la démence, la fureur et l'imbécillité. Lors de la promulgation du Code Napoléon, d'après lequel le prodigue ne reçoit qu'un conseil judiciaire, on s'est demandé si l'intervention de l'autorité judiciaire était indispensable pour faire cesser l'interdiction prononcée pour cause de prodigalité avant la législation actuelle ; trois opinions se sont formées.

D'après la première, les jugements d'interdiction pour

cause de prodigalité rendus avant le Code, cessent d'avoir force, et l'interdit se trouve réintégré dans le libre exercice de ses facultés par la seule promulgation du Code, sauf à provoquer la nomination d'un conseil judiciaire.

D'après la seconde, une conversion s'opère d'elle-même par la seule force de la loi; le tuteur devient conseil judiciaire sans l'intervention d'aucune autorité.

D'après la troisième, les jugements conservent toute leur force, jusqu'à ce que le prodigue, pour faire cesser son état d'interdiction, s'adresse aux tribunaux, qui prononceront alors, conformément aux dispositions de la loi nouvelle, c'est-à-dire lèveront l'interdiction, et lui nommeront un conseil judiciaire.

La première ne nous paraît pas très-juste. Il est généralement admis que toutes les lois qui concernent les incapacités, ne sont qu'une forte protection pour ceux dont l'intelligence n'est pas suffisamment développée; comment donc concevoir que le législateur ait jamais voulu restituer, même pour un temps, au prodigue, une capacité dont il sait qu'il n'use que pour se ruiner? Et en outre la loi ne lui donne pas, par les dispositions de l'article 513, la capacité commune; elle lui adjoint un conseil judiciaire, sans l'assistance duquel le prodigue ne peut faire les principaux actes de la vie civile. Ce serait donc, au moins, cette situation qu'il faudrait lui attribuer. Cependant la première opinion a pour elle un arrêt de la Cour de cassation du 20 mai 1806.

La seconde opinion, qui est soutenue par Meyer,

admet un étrange procédé de conversion *ipso facto*. La
loi qui exige un jugement pour restreindre les droits
de tout citoyen, parce que cette restriction a pour cause
un état de fait qui appelle une constatation, ne doit pas
permettre que les effets de cette première décision soient
anéantis ou modifiés, sans qu'une nouvelle constatation
judiciaire des faits qui motivent cette modification,
ait été régulièrement effectuée. D'ailleurs, ne nous
suffit-il pas d'opposer, pour toute réfutation, le respect
dû à l'autorité d'un jugement qui n'est nié par personne ?

Il serait souvent difficile et téméraire de fonder après
coup, sur les motifs des jugements rendus, une distinction entre la folie et le maintien de l'interdiction, la
prodigalité et la simple adjonction d'un conseil, quand
les juges, n'ayant pas à faire cette distinction inutile
au moment où ils statuaient, n'auront pas insisté sur
les faits qui doivent lui servir de fondement.

La troisième opinion, qui est celle de MM. Merlin,
Dalloz, Duvergier et de tant d'autres, nous paraît donc
seule juste et conforme aux principes du droit ; et d'ailleurs, si l'interdit ne se hâte pas de demander la main-
levée de l'interdiction, aucun inconvénient ne peut en
résulter, son patrimoine ne court aucun péril ; lui seul
a intérêt à ce changement ; on doit lui abandonner le
soin de le provoquer.

Tout au plus pourrait-on déclarer valables les actes
que l'interdit antérieurement interdit pour cause de
prodigalité, aurait faits depuis la promulgation de la loi
nouvelle, et que, d'après cette loi nouvelle, un prodigue pourrait faire seul, sans aucune assistance.

CHAPITRE II

C'est dans ce chapitre surtout que l'application du principe posé dans le 6° du chapitre IV de notre partie générale, aura lieu dans toute son étendue. C'est en examinant le droit de propriété et ses démembrements qu'apparaîtra la distinction que nous avons faite entre les lois déterminant les droits qui peuvent exister, les droits que le législateur reconnaît et sanctionne, et les droits qui déterminent les manières d'acquérir les droits reconnus. Nous nous abstiendrons d'entrer, en quoi que ce soit, dans l'examen des questions philosophiques sur la propriété ; notre tâche est tout autre, et ces questions ne sont pas de celles qu'on peut traiter subsidiairement.

§ 1.

DE LA DISTINCTION DES BIENS.

La question de non-rétroactivité joue un grand rôle, lorsque la nouvelle législation vient changer la nature de certains biens, en qualifiant de *meubles* ce que l'ancienne législation regardait comme *immeubles*, et *vice versa*. Dans ce cas, suivant nous, la question qui s'élève a une double face. Une telle loi est de celles qui statuent sur la nature et l'étendue des droits reconnus et sanctionnés. La législation, considérant les choses comme objets des droits, les divise en meubles et en immeubles, et les distribue dans chaque classe. Ce qui signifie qu'elle soumet les choses classées parmi les meubles aux droits dont les meubles sont susceptibles, et aux dispositions impératives tracées pour cette espèce de biens.

Sous ce rapport la loi saisit immédiatement les choses qui existent; elle leur imprime un caractère nouveau. Du meuble elle fait un immeuble; elle le rend susceptible d'hypothèque. De l'immeuble elle fait un meuble, elle ne permet plus de l'hypothéquer. D'un meuble elle fait un immeuble par destination; elle défend de le saisir séparément de l'immeuble auquel il est rattaché.

C'est ainsi que les dispositions du Code Napoléon, qui range les rentes, même celles acquises moyennant l'aliénation d'un immeuble, parmi les meubles, a opéré une transformation dans la nature des rentes déjà constituées. Le droit du rentier est devenu mobilier; il est devenu personnel de réel qu'il était, et il n'a pu s'exercer désormais que comme droit personnel.

C'est ainsi, en remontant en arrière, que lorsque la loi de brumaire an VII a déclaré les rentes foncières non susceptibles d'hypothèques, lorsque la loi de la Constituante du 29 décembre 1790 a déclaré les rentes rachetables, ces dispositions ont été immédiatement applicables aux rentes déjà établies. Autrement des droits que la législation nouvelle réprouvait, auraient pu se perpétuer indéfiniment.

La question, avons-nous dit, a un autre aspect. La classification des biens en meubles et immeubles doit être mise en harmonie avec les actes volontaires de l'homme, conventions ou testaments. Au sujet des conventions, nous avons à parler des conventions soit expresses, soit suppléées par le législateur : ce qui se rencontre avec une importance notable dans la matière du contrat de mariage.

A ce point de vue, on se demande si la loi nouvelle peut, en attribuant tel ou tel caractère à des biens, changer les effets d'actes antérieurs à sa promulgation.

Le cas s'est présenté lors de la promulgation du Code Napoléon, en ce qui touche soit les rentes foncières, les anciens *census reservati*, que la législation ancienne traitait d'immeubles, soit les rentes constituées qui, dans certaines coutumes, étaient considérées comme immeubles, et qui sous le Code sont toutes déclarées meubles. De longues discussions ont eu lieu sur le point de savoir si l'on devait les considérer comme meubles sous l'empire du Code en ce qui regarde l'exécution d'actes antérieurs à la promulgation du Code. Merlin (1) et M. Duranton (2) font là-dessus des distinctions et des sous-distinctions. Et d'abord, ils distinguent si l'acte dont il s'agit est révocable ou irrévocable : est-il révocable, comme le testament fait sous l'ancien droit, et dont le testateur est mort sous le Code? Si, par ce testament, le défunt a légué les meubles à une personne, et les immeubles à une autre, les rentes, d'après ces auteurs, sont déclarées

____

(1) *Loc. cit.*, sect. III, § 3, art. 3.
(2) *Cours de Droit français suivant le Code civil*, t. XIV, p. 151.

meubles et appartiendront au légataire des meubles,. parce qu'ayant survécu au Code, le testateur n'a pas changé ses dispositions comme il le pouvait. Au contraire, l'acte est-il irrévocable, comme le contrat de mariage de deux époux qui se sont mariés sous le régime de la communauté légale, à une époque où les rentes, étant immeubles, demeuraient propres à chacun d'eux, tandis que sous le Code civil, étant meubles, elles tombent dans la communauté? les auteurs sous-distinguent. Les rentes que chacun des époux possédait sous l'ancien droit continueront à être considérées, par rapport à eux et à la communauté, comme des immeubles; mais quant à celles qui leur sont advenues sous la nouvelle législation, par suite de donations, successions ou legs, comme elles n'ont jamais été possédées par eux que comme meubles, elles seront régies par la loi nouvelle qui les déclare meubles, et tomberont, à ce titre, dans la communauté (1).

Quant à nous, nous aimons mieux nous ranger à l'opinion de ceux qui ne font aucune distinction, opinion qui a pour elle l'autorité de M. Demolombe (2), et dire, avec ces auteurs, que, dans tous les cas, les rentes conserveront le caractère immobilier qu'elles avaient, soit à l'époque du testament, soit à celle du mariage.

Dans tous ces cas, il s'agit de bien connaître quelle était l'intention du testateur ou des époux, et pour arriver à cela, ce qu'il y a de mieux à faire, c'est de rechercher la signification que les mots *meuble* et *im-*

---

(1) Merlin, *Rép.*, v° Effet rétr., sect. III, § 3, art. 3, n° 2.
(2) Tome I, p. 53. — Duvergier, *loc. cit.*, p. 28, 5°.

meuble avaient à l'époque à laquelle la volonté des
parties a été exprimée. Cette signification seule était
dans la pensée des parties qui ne prévoyaient pas la modification qu'une loi postérieure devait introduire.

Or, ce raisonnement est le même pour les actes révocables et pour les actes irrévocables ; aussi ne sau-
rions-nous admettre les nombreuses distinctions que
nous avons rapportées plus haut.

Nous devons cependant répondre à l'objection qui
nous est faite au sujet des testaments : Le testateur, dit-
on, pouvait changer sa disposition ; il ne l'a pas fait ;
donc il a accepté la nouvelle interprétation donnée par
la loi. Cette manière de raisonner n'est pas exacte ; si
elle était admise, il en résulterait que le testateur serait
obligé de faire un nouveau testament, parce que la signification des mots qu'il a employés, a été modifiée
par une loi ; or, il est évident que pour le soumettre à
cette obligation, il faudrait, comme nous l'avons dit
dans notre partie générale, que le législateur le dise expressément, et, de plus, qu'il lui accorde un délai ; car
comment sera-t-il censé avoir accepté cette nouvelle
interprétation légale de l'acte qu'il a fait, s'il meurt su-
bitement vingt-quatre heures après la promulgation de
la loi qui fait ce changement ? Le législateur, nous le
supposons, n'a rien dit de pareil. Il aurait dû également,
ment, en admettant cette opinion, s'expliquer sur le
cas où le testateur serait interdit, et par conséquent incapable de manifester sa volonté : son silence sur tous
ces points nous permet de dire sans hésiter, qu'il n'a
point admis un pareil système : aussi nous en tenons-

nous à notre unique règle : L'acte s'interprète par la loi d'origine. Cette règle est d'ailleurs celle qu'a préférée la Cour de cassation (1).

§ 2.

DE LA PROPRIÉTÉ ET DE SES DÉMEMBREMENTS.

Nous avons dit au commencement de ce chapitre que nous n'entrerions pas dans la discussion des questions philosophiques sur la propriété, parce qu'elles s'éloignent de notre sujet. Les lois qui définissent la propriété et ses attributs, qui l'étendent ou la restreignent, reçoivent dès leur promulgation une application immédiate et absolue. Deux raisons peuvent concourir à justifier ce résultat : l'une est que ces lois déterminent les droits, ou la manière d'être des droits que le législateur reconnaît et sanctionne désormais ; l'autre est que de telles dispositions appartiennent souvent au droit public.

Notre proposition se vérifie dans l'hypothèse suivante. La Constitution de 1791, le Code Napoléon (art. 545), les lois de 1833 et de 1841, telles qu'elles ont été interprétées, ont donné de l'expropriation poursuivie au nom de l'intérêt général, une définition de plus en plus large, et par conséquent de plus en plus restrictive de l'indépendance de la propriété. Eh bien, les particuliers qui étaient déjà propriétaires au moment

____

(1) Arrêt du 11 novembre 1819.

de la promulgation de ces lois successives se sont trouvés soumis au régime nouveau.

La même observation trouve sa place à propos du décret — loi du 26 mars — 6 avril 1852.

Le principe de non-rétroactivité reprend son empire en ce qui concerne les changements de législation relatifs aux modes d'acquisition et de transmission des droits réels dont l'existence est reconnue après comme auparavant.

Ainsi supposons un état de législation où la transmission de la propriété immobilière a lieu par le seul effet du consentement, n'ayant besoin d'aucune autre formalité, comme cela se passait sous le Code Napoléon, et la promulgation d'une nouvelle loi qui exige la transcription du contrat pour le parfait transfert de la propriété, comme le faisait la loi du 11 brumaire an VIII, ou comme cela a lieu aujourd'hui d'après la loi du 23 mars 1855, dont nous nous occuperons plus loin. Nous faisons abstraction pour un moment des dispositions transitoires expresses contenues dans ces deux lois. Dans une telle hypothèse, la propriété acquise par simple contrat, est un de ces droits acquis sur lesquels la loi postérieure n'a aucune influence. La date de la promulgation de la loi nouvelle est le point de départ, la limite extrême de son empire. Elle respecte et laisse subsister les droits réels acquis à cette époque, fussent-ils encore conditionnels. Elle exerce au contraire sa souveraineté sur les acquisitions qui étaient, à cette époque, en voie de négociation, mais non encore accomplies.

La question de non-rétroactivité peut se présenter encore en sens inverse : par exemple, lorsque sous l'ancienne loi, on exigeait la formalité de la transcription pour le transfert de la propriété comme le faisait la loi de brumaire an VII, et qu'une loi nouvelle se contente du simple contrat, comme l'a fait, suivant l'interprétation dominante, le Code Napoléon ; dans ce cas les transmissions faites avant cette loi, et qui n'ont pas encore été suivies de la formalité de la transcription, sont-elles validées par la seule promulgation de la nouvelle loi ? Nous croyons que la loi nouvelle dispense désormais l'acheteur de remplir cette formalité, et que la translation de la propriété datera, à l'égard des tiers, de la promulgation de cette loi. Nous ne blessons ainsi aucun droit acquis, ni le droit du vendeur qui était déjà dessaisi de la propriété, et qui pouvait d'un moment à l'autre voir la transcription s'accomplir, ni le droit des tiers ; ceux qui ont acquis et régularisé des droits sur l'immeuble avant la loi nouvelle, conserveront le droit de se prévaloir à l'égard de l'acheteur, du défaut de transcription ; ceux qui n'ont acquis leurs droits que plus tard doivent subir l'effet de la loi en vigueur, au moment où leurs droits sont nés ou sont devenus efficaces.

Nous résoudrons dans le même esprit la question suivante : Une loi n'admet à la transcription que des actes authentiques, ou des actes sous seing privé, reconnus en justice ou devant notaire. Telle est la loi belge du 16 décembre 1851. Cette législation change, et la loi nouvelle, semblable au Code Napoléon, permet de

transcrire même des actes sous seing privé non reconnus. Un acheteur dont le contrat serait antérieur au
changement de législation, pourra postérieurement soumettre à la formalité un acte sous seing privé non reconnu ; cette transcription, qui ne sera valable qu'à
l'égard de tiers ayant acquis leurs droits depuis le
changement de législation, respecte le principe de la
non-rétroactivité.

Tout ce que nous avons dit pour l'acquisition de la
propriété, s'applique pareillement à ses démembrements, et spécialement en ce qui regarde l'usufruit,
l'usage, l'habitation, et les services fonciers. Nous
n'avons ici qu'à ajouter deux exceptions : 1° les servitudes légales prendront naissance partout où se ren-
contreront les conditions de fait exigées par la loi. Le
motif en est que ces servitudes ne sont pas des servitudes proprement dites, elles sont seulement des limites
légales du droit de propriété, des restrictions que le
législateur impose au droit privé dans l'intérêt général.
Ces lois ne règlent donc pas l'acquisition d'un droit,
mais seulement les limites de ce droit ; et comme ces
limites sont déterminées dans un intérêt général, les
lois qui les établissent, comme toutes celles qui s'occupent des intérêts généraux, ne sont pas soumises au
principe de la non-rétroactivité, et s'imposent à tout et
à tous dès leur promulgation.

2° L'usufruit légal attaché à la puissance paternelle
pour les motifs exposés là où nous avons traité de cette
puissance, n'est point du tout un droit acquis, et par
conséquent est soumis à la loi nouvelle.

Emphytéose. — Sans toucher à la grande controverse qui s'est établie sur le point de savoir, si, sous le Code Napoléon, l'emphytéose temporaire existe encore ou n'existe plus comme droit réel *sui generis*, nous disons généralement que lorsque la nouvelle législation ne reconnaît pas parmi les droits réels cette institution consacrée d'ailleurs par la législation antérieure, la loi nouvelle s'applique immédiatement, conformément à ce que nous avons dit au 6° du quatrième chapitre de notre partie générale; cette loi est en effet de celles qui statuent sur le mode d'existence des droits reconnus et par conséquent toutes les emphytéoses doivent être anéanties.

Le Code roumain, tout en défendant pour l'avenir les emphytéoses, maintient celles qui avaient été constituées sous l'ancienne législation, même les emphytéoses perpétuelles ; voici comment il s'explique dans son article 1415 : « Les locations perpétuelles qui existent au- « jourd'hui sous le nom d'emphytéoses seront mainte- « nues. Elles seront réglées d'après les dispositions de « la loi sous laquelle elles ont pris naissance. Pour l'ave- « nir elles ne peuvent plus être constituées. »

Le législateur roumain s'est écarté ici du principe admis généralement en pareille matière, mais il s'est laissé guider par une pensée utilitaire : il a maintenu l'emphytéose, parce que, trop répandue dans le pays et surtout dans la classe peu aisée, il n'aurait pu la supprimer sans obliger les emphytéotes à fournir aux bailleurs un dédommagement quelconque qu'ils eussent été peut-être incapables de fournir : il a cru que ce serait créer de nouveaux et sérieux embarras dont il était prudent à lui d'éviter la complication avec les circonstances politiques dans lesquelles le pays se trouvait (1).

Une question se présente, lorsque la nouvelle législation ne reconnaît pas le contrat emphytéotique : Que deviennent alors les hypothèques constituées ? Mais nous ne la traiterons que lorsque nous nous occuperons des hypothèques.

Nous avons raisonné jusqu'à présent en supposant une loi qui statue sur les modes d'acquisition de la propriété sans régler les questions transitoires. Nous avons à indiquer maintenant les dispositions expresses insérées à cet égard dans les lois françaises du 11 brumaire an VII et du 23 mars 1855. Ces deux lois sont conçues dans un esprit conforme aux principes que nous avons posés; elles décident formellement ce que, dans leur silence, l'interprétation aurait admis. Les droits acquis avant l'époque fixée pour la mise en vigueur de la loi nouvelle, continuent à être régis quant à leur mode d'acquisition par la loi ancienne. C'est ce qui résulte de l'article 44 de la loi du 11 brumaire an VII, et plus directement de l'article 11 de la loi du 23 mars 1855. La loi de l'an VII disposait que la propriété acquise avant sa promulgation, et non encore

(1) Le nouveau Code de l'Italie, non-seulement maintient les emphytéoses constituées avant sa promulgation, mais par son article 1556 permet aussi d'en constituer dans l'avenir et consacre un titre entier à l'organisation de cette institution. La seule restriction qu'il apporte à cette concession tout à fait contraire à l'esprit moderne se trouve écrite dans son article 1564, qui accorde la faculté de rachat à l'emphytéote.

purgée et consolidée, le serait selon les formes qu'elle introduit dans ce but ; mais l'acquisition en elle-même ne souffrait aucune atteinte ; elle était pleinement respectée, et tous les effets produits conformément au droit ancien étaient maintenus.

Nous savons que le législateur, tout en respectant les droits acquis, peut les soumettre à une formalité d'un facile accomplissement, à une condition de publicité par exemple, pourvu qu'il accorde un délai suffisamment étendu à partir de la promulgation. Dans ces termes les actes d'acquisition antérieurs à la mise en vigueur de la loi nouvelle, auraient pu être assujettis à transcription, et cette mesure aurait été un point de départ excellent pour la publicité des mutations ultérieures. Mais le législateur a reculé, aux deux époques dont nous venons de parler, devant une disposition qui aurait soulevé des difficultés pratiques considérables, pour ne pas dire insurmontables. Dans l'espace de quelques mois des millions d'actes auraient dû être transcrits.

Il est facile de comprendre que l'antériorité à laquelle la loi attache la dispense de publicité doit s'apprécier d'après les règles sur la preuve et la date certaine des écrits.

Ajoutons que si une translation de propriété est tenue en suspens par une condition au moment de la mise en vigueur de la loi nouvelle, cette loi n'en sera pas moins inapplicable, et que si une translation de propriété imparfaite, mais susceptible de devenir parfaite par une ratification rétroactive, obtient cette ratification après

l'époque où le régime nouveau a commencé à s'exécuter, elle n'en reste pas moins uniquement régie par
le droit ancien.

Ce qui précède peut servir à l'application du Code de
Roumanie, qui pose le principe de la transcription sans
s'occuper en détail de la transition d'un régime à un
autre régime (Voy. art. 1295).

La loi française du 23 mars 1855 a toutefois ordonné
que les jugements prononçant la résolution, nullité ou
rescision d'un acte non transcrit, mais ayant date certaine avant la mise en vigueur de cette loi, seraient
transcrits conformément à l'article 4, et sans autre sanction qu'une amende contre l'avoué.

§ 3.

DE LA PRESCRIPTION.

On admet généralement que la prescription est un
moyen d'acquérir une chose ou de se libérer d'une
obligation par un certain laps de temps; comme mode
d'acquisition, elle se rattache à la théorie des droits
réels; aussi croyons-nous utile d'en traiter ici, au
point de vue de notre question de non-rétroactivité.
Nous devons toutefois reconnaître que la prescription
joue un rôle semblable dans toutes les parties du Code;
mais comme toutes les règles de notre matière s'appliquent pareillement à toutes les prescriptions, aussi bien
à la prescription acquisitive qu'à la prescription libératoire, il n'y a pas d'inconvénient à les exposer ici.

Il n'y a pas de difficulté lorsque la prescription des droits invoqués est accomplie sous la loi ancienne ; personne ne doute alors qu'il n'y ait droit acquis, et que la loi nouvelle n'ait point d'application. L'article 691 du Code Napoléon, en disposant que les servitudes continues non apparentes, et les servitudes discontinues, apparentes ou non apparentes, ne peuvent s'établir par une possession même immémoriale, dit formellement : « Sans cependant qu'on puisse attaquer aujourd'hui les servitudes de cette nature déjà acquises par la possession dans les pays où elles pouvaient s'acquérir de cette manière. »

De même, tout le monde est d'accord que lorsque la prescription n'a pas encore commencé sous la loi ancienne, il n'y a ni droit acquis, ni expectative à respecter, et que tout est réglé par la loi nouvelle ; par exemple, je possède depuis longtemps un immeuble dotal, qui, aux termes de l'article 1561, Code Napoléon, est imprescriptible pendant le mariage ; s'il survient demain une loi qui en permette la prescription, il est bien vrai que le temps que j'ai possédé antérieurement ne me servira pas ; mais à partir de demain ma possession ultérieure me conduira, après le temps voulu, à la propriété de l'immeuble.

La question est plus difficile, et les opinions sont en divergence lorsqu'une loi nouvelle paraît après le commencement et avant l'accomplissement de la prescription. Quelle loi réglera les différents cas ?

D'après certains auteurs, les prescriptions commencées avant la promulgation de la loi nouvelle seront régies par la loi ancienne ; ces auteurs prennent pour règle la première partie de l'article 2281 du Code Napoléon, duquel nous traiterons bientôt ; d'autres, et parmi eux M. Duvergier (1), distinguent la prescription acquisitive de la prescription libératoire ; et ils reconnaissent pour la première une expectative que la loi doit respecter, et qui, par conséquent, doit être régie par l'ancienne législation, c'est-à-dire que le possesseur continuera à prescrire et deviendra propriétaire par le laps de temps fixé par l'ancienne loi, et cela, alors même que la nouvelle loi aurait déclaré imprescriptible la chose en question, et aurait augmenté le délai par lequel son acquisition devait avoir lieu. Pour la seconde, au contraire, on s'accorde à la soumettre à la fluctuation de la législation, admettant qu'il n'y a ni droit acquis, ni expectative à respecter.

Cependant la grande majorité des auteurs (2) suit avec beaucoup de justesse un tout autre système, suivant lequel il n'y a aucune distinction à faire. D'après cette opinion, la prescription commencée n'est qu'une simple expectative, une faible espérance que la loi nouvelle n'est point du tout obligée de respecter, et qui, tout au contraire, est complétement soumise à cette dernière. Quant à nous, nous croyons cette dernière opinion beaucoup plus fondée que les autres : la prescription, en effet, est essentiellement un principe d'ordre public, comme le prouve le contenu de l'article 2220 ; or, à ce premier point de vue, nous savons que la loi

(1) *Loc. cit.*, p. 130 et suiv.
(2) Savigny, ouvrage cité, § 391 ; Demolombe, t. I,

nouvelle doit immédiatement la régir; mais, en outre, ce n'est qu'une faveur offerte par le législateur, et toujours disponible en ses mains; celui-ci peut, à chaque instant et à son gré, en changer les conditions, en modifier les règles, et même la supprimer, pourvu que ce soit seulement pour l'avenir.

Ajoutons que la prescription ne produit son effet acquisitif ou extinctif que lorsqu'elle est accomplie; jusque-là une acquisition est seulement en train de s'opérer. Or, la loi nouvelle ne respecte que les acquisitions effectuées, et non pas celles qui sont, pour ainsi dire, à l'état d'ébauche ou d'élaboration. Que l'on n'objecte pas l'effet rétroactif de la prescription accomplie; car cette rétroactivité ne se produit qu'après son accomplissement.

Voici donc, en pure théorie, comment ces auteurs donnent les vrais principes de la matière :

1° La loi nouvelle déclare imprescriptible ce que la loi ancienne permettait de prescrire. Dans ce cas, la loi nouvelle est souveraine, la prescription commencée devient impossible.

2° En sens inverse, la loi nouvelle établit-elle une prescription jusqu'alors inconnue? Elle s'applique immédiatement, comme plus haut, à tous les rapports de droits réunissant les conditions qu'elle exige.

Le délai pour prescrire commence à partir de la promulgation de cette loi; et le temps écoulé sous la loi ancienne, qui ne reconnaissait pas cette prescription, n'entre pour rien dans la prescription. Théodose II, dans sa constitution introductive de la prescription trentenaire, s'est écarté par une disposition formelle du principe que nous venons d'énoncer. Nous ne regardons pas cette disposition formelle comme blâmable, mais nous croyons que dans le silence de la loi, elle n'aurait pas dû être suppléée par l'interprète. Nous avons traité cela *in extenso* dans notre première partie.

3° Une nouvelle cause d'interruption ou de suspension est introduite, ou réciproquement une espèce d'interruption ou de suspension préexistante est abolie; l'une ou l'autre disposition de la législation nouvelle s'applique immédiatement à toutes les prescriptions commencées.

4° La loi nouvelle fixe-t-elle un délai plus long pour la prescription? Les prescriptions commencées auparavant ne seront accomplies qu'après ce nouveau délai. M. Blondeau donne une excellente raison de cette décision : « Lorsque la loi nouvelle, dit-il, prolonge au « contraire l'ancien délai, ceux qui n'ont point encore « encouru par son expiration la perte de leur droit, « jouiront de la prolongation de la loi nouvelle, par le « motif que si cette loi a jugé l'ancien délai insuffi- « sant, il est insuffisant aussi pour ceux contre qui on « avait commencé de prescrire. Cette prolongation ne « détruit d'ailleurs aucune attente solide, parce que « toute prescription peut toujours être interrompue tant « que le délai n'est pas expiré (1). »

5° Supposons au contraire que le temps exigé pour prescrire soit diminué par le législateur. En principe

____

(1) *Essais sur quelques points de législation ou de jurisprudence*, pp. 202 et 203.

celui qui est en voie de prescrire, doit avoir le choix ou de continuer la prescription d'après les dispositions de l'ancienne législation, ou de commencer une nouvelle prescription dans les termes de la loi nouvelle. Cette faculté de choisir est justifiée : dans le premier cas, parce que la loi nouvelle, en abrégeant le délai, n'a jamais eu en vue de faire à celui contre lequel on prescrit, une position plus favorable que celle qui lui était faite par l'ancienne loi ; dans le second cas, parce que celui qui prescrit ne doit pas être traité moins favorablement que celui qui commence pour la première fois à prescrire. Il eût été souverainement inique et contraire au principe de la non-rétroactivité des lois, de permettre à celui qui prescrit de profiter du nouveau délai en conservant comme temps utile le temps déjà écoulé ; car, dans ce cas, l'adversaire aurait été privé d'une partie du délai accordé par l'ancienne loi, ou d'une partie de celui de la loi nouvelle. Il pourrait même arriver que, contre toute raison, l'action en revendication qui lui appartient, se trouvât anéantie soudainement par la promulgation de la nouvelle loi, parce qu'il s'était écoulé déjà un temps qui, insuffisant autrefois, serait déclaré suffisant aujourd'hui pour prescrire.

Notre manière d'appliquer la loi nouvelle, lorsqu'elle modifie le délai de la prescription, a été suivie aussi dans l'ancien droit. Avant l'ordonnance de 1510, les arrérages des rentes constituées se prescrivaient seulement par trente ans. Cette prescription ayant été réduite par cette ordonnance à cinq ans, on se demanda si les arrérages échus avant la promulgation de la nouvelle loi étaient régis par celle-ci ou par l'ancienne. Théveneau (1) dit que ce point a été réglé par les arrêts de la Cour du Parlement, comme il suit : « Si, depuis « l'ordonnance, cinq ans se sont passés sans qu'il ait « été demandé des arrérages, il y a prescription pour « les arrérages précédents ; mais s'ils sont demandés « dans les cinq ans depuis l'ordonnance, on peut de- « mander entièrement ceux du passé. » On voit donc que la loi nouvelle réglait même la prescription des arrérages échus avant l'ordonnance de 1510.

Nous avons encore un autre exemple de l'application de cette règle : c'est à propos des lettres et billets de change, qui, avant l'ordonnance de 1673, ne se prescrivaient que par trente ans. Cette ordonnance ayant réduit la prescription à cinq ans, on a déclaré que les billets échus, même avant l'ordonnance, étaient prescrits par cinq ans (2).

Tout ce que nous venons d'exposer a été reconnu et déclaré dans les dispositions transitoires du Code prussien, qui laisse formellement le choix à celui qui prescrit, de compter le délai d'après la loi ancienne, ou bien de suivre la nouvelle, mais à la charge par lui de recommencer sa prescription du jour de la promulgation de la nouvelle loi.

La législation autrichienne présente à tort sur ce point, comme conséquence du principe général de la non-rétroactivité des lois, une disposition semblable à

(1) *Comm. sur les ordonnances*, liv. II, tit. xiv, art. 3.
(2) Savary, *Parère*, 78.

celle de l'article 2281 du Code Napoléon, dont nous allons nous occuper.

La première partie de l'article 2281 est ainsi conçue : « Les prescriptions commencées à l'époque de la pu- « blication du présent titre (*Titre de la Prescription*) « seront réglées conformément aux lois anciennes. » Cette disposition a donné lieu à de vives controverses : et d'abord on s'est divisé sur le point de savoir si elle est une déclaration de principes, dictée par la nécessité de respecter les droits acquis, ou une simple disposition de faveur, afin de rendre moins dur le passage d'un ré-gime à l'autre. MM. Demante (1) et Duranton (2) y voient un principe qui doit être pris comme règle gé-nérale, et par conséquent ces auteurs admettent, même en pure théorie, que la prescription commencée est un droit acquis, lequel doit être régi par l'ancienne loi sous tous les points de vue, et ils donnent ainsi à cette dis-position la plus grande extension possible. MM. Merlin, Troplong, Demolombe et la majorité des juris-consultes allemands, ne trouvent, au contraire, dans la prescription commencée, ni droit acquis, ni expecta-tive à respecter. Ils ne voient dans l'article 2281 qu'une simple faveur accordée pour ménager la transition d'une législation à une autre ; aussi pensent-ils que, si cet article n'eût pas existé, on aurait dû appliquer les règles du Code Napoléon même aux prescriptions antérieurement commencées ; et cela aurait eu lieu sans violer le principe de la non-rétroactivité des lois.

(1) *Programme du Cours de Droit civil français*, t. III, n° 1156.
(2) *Cours de Droit français, suivant le Code civil*, t. I, p. 46.

Cette manière d'interpréter l'article 2281 a ses conséquences. Ceux, en effet, qui l'admettent, trouvant que cette disposition s'est écartée des véritables principes du droit, l'interpètent *stricto sensu*, et disent qu'elle ne règle les prescriptions commencées conformément aux lois anciennes, que dans le cas où la loi nouvelle ne diffère des anciennes lois que relativement à l'espace de temps nécessaire pour accomplir la prescription ; tandis qu'ils exigent des prescriptions commencées avant le Code, du moins pour le temps qui reste à courir, toutes les conditions de prescriptibilité, de bonne foi, de juste titre, et autres que le Code a formulées. Cette opinion, qui nous paraît la seule vraie, a pour elle aussi la jurisprudence. Voici comment s'exprime la Cour de cassation dans un arrêt rendu le 8 août 1837 : « Attendu que l'article 2281 ne com-
« prend pas la question de prescriptibilité ; que cette
« question est exclusivement réglée par le Code à
« partir de la promulgation, pour tous les cas où la
« prescription n'était pas acquise avant cette époque ;
« qu'ainsi en toute matière prescriptible avant le Code
« civil, et déclarée imprescriptible par le Code, la pos-
« session postérieure à la promulgation est sans effet
« utile pour opérer la prescription, quoiqu'elle ait com-
« mencé avant le Code..... »

La majorité des auteurs, pour les mêmes raisons, admet que les dispositions de la première partie de l'article 2281, ne s'appliquent point aux prescriptions établies par le Code de commerce ; cela a lieu surtout pour les billets à ordre échus avant la promulgation du

Code de commerce, qui les soumet à la prescription quinquennale (art. 189); tandis qu'auparavant, d'après l'ordonnance de 1673, par laquelle ils étaient régis, ils ne se prescrivaient que par trente ans. La Cour de cassation, cependant, applique l'opinion contraire, et cela nous paraît inexplicable. Peut-on dire, en effet, que la durée des actions est un droit contractuellement établi, comme certains auteurs le prétendent? Non, et nous l'avons prouvé; elle n'est qu'une émanation immédiate de la loi, qui, par des motifs d'ordre public, peut, sans rétroagir, modifier le terme des prescriptions commencées, et même rendre imprescriptible ce qui était prescriptible auparavant. Dira-t-on que l'adoucissement de l'article 2281 doit aussi s'appliquer aux prescriptions du droit commercial commencées avant sa promulgation, parce que le Code de commerce n'est qu'une loi d'exception qui vient s'enter sur le Code Napoléon, pour ce que celui-ci n'a pas prévu? Non sans doute, parce que cet article ne prévoit pas des changements de prescription introduits beaucoup plus tard par une loi spéciale.

Il en est de même pour les prescriptions établies par le Code de procédure. Tout ce que nous avons dit ci-dessus s'applique pareillement ici. Ainsi une procédure commencée avant la promulgation du Code sera périmée si, depuis le Code, il y a eu discontinuation pendant trois ans, ou trois ans et demi dans certains cas.

Nous devons encore ajouter que, d'après ce que nous vons dit, l'article 2281 ne doit pas s'appliquer aux prescriptions fondées sur des lois spéciales, par exemple en matière d'enregistrement.

La seconde partie de l'article 2281 est conforme aux principes de notre théorie; ici le législateur dispose que les prescriptions commencées, pour lesquelles il faudrait encore, suivant les anciennes lois, plus de trente ans, à compter de la promulgation de la loi, seront accomplies par ce laps de temps de trente années; c'est-à-dire, que cette disposition n'aura d'application que dans le cas où il faudrait plus de trente ans depuis le Code pour l'accomplissement de la prescription commencée. Cela rentre dans le 5° de la théorie ci-dessus exposée.

Nous avons raisonné jusqu'à présent en considérant la prescription comme un mode d'acquisition; nous nous sommes conformé au langage du Code Napoléon, sans vouloir prendre parti dans la controverse qui existe sur la nature de la prescription. Cette controverse est en dehors de notre sujet.

Si l'on admet que la prescription est non pas un mode d'acquisition, mais une présomption légale d'acquisition, ce point de vue différent ne change rien, suivant nous, à l'exactitude des solutions que nous avons adoptées.

La présomption légale repose sur un ensemble de faits qui sont les conditions de la prescription. Tant que la dernière de ces conditions n'est pas réalisée, la présomption n'existe pas, personne n'a encore acquis le droit de s'abriter sous cette présomption. Donc la loi nouvelle ne viole aucun droit acquis, quand elle mo-

difie les conditions auxquelles est attachée la présomption légale d'acquisition.

Il n'y a pas lieu d'appliquer ici cette règle que le
mode de preuve est fixé par la loi en vigueur au moment où s'est passé le fait à prouver. Cette règle suppose un fait d'une date précise, et la faculté pour la
partie intéressée de se prévaloir de la preuve en question, dès le moment de l'accomplissement du fait. Rien
de semblable ne se rencontre ici. L'acquisition allé-
guée n'a pas une date précise, et la prescription est un
secours que le temps et un ensemble de conditions ap-
portent à celui qui, dans le principe, n'aurait pas pu
s'en prévaloir.

DROITS RÉELS DE GARANTIE.

§ 4.

DROIT DE GAGE.

Le *droit de gage* est la sûreté que la loi ou la convention accorde au créancier sur les biens de son débiteur. Le *gage* est ou *général* ou *spécial*. Nous allons
traiter successivement l'un et l'autre.

Le *gage général* est le droit qu'a tout créancier sur les
biens présents et à venir de son débiteur, pour se payer
de ce qui lui est dû. Ce droit du créancier n'est pas d'une
généralité absolue et sans limites. Presque toutes les
législations y mettent des restrictions, et ce sont ces restrictions qui donnent lieu à des questions de non-rétroactivité.

Deux cas peuvent se présenter : 1° La nouvelle législation augmente les restrictions ; c'est-à-dire, elle déclare insaisissables certains biens qui ne l'ont pas été sous la législation antérieure ; c'est ce qui a eu lieu lors de la promulgation de la loi du 8 nivôse an VI, art. 4, qui a déclaré insaisissables les rentes sur l'État, et de celle du 21 ventôse an IX, relative aux traitements des employés. 2° Au contraire, la loi nouvelle diminue les restrictions apportées autrefois au droit du créancier, en permettant de saisir ce qui autrefois était insaisissable.

On se demande, dans ces deux cas, si ceux qui ont acquis des créances avant la promulgation de la loi nouvelle, sont soumis aux modifications qu'elle introduit par le droit général de gage. Nous croyons qu'il n'y a pas de distinction à faire ; la loi nouvelle s'applique immédiatement. Dans le premier cas, le créancier n'avait qu'une simple expectative, une espérance bien faible, parce que le droit du créancier porte sur le patrimoine du débiteur dans son ensemble, et non pas sur tel ou tel bien, et que le débiteur reste maître, jusqu'à la saisie, de diminuer les forces de son patrimoine par des aliénations sans fraude. Si la volonté du débiteur a cette puissance de faire évanouir l'espoir du créancier, à plus forte raison la loi peut-elle en faire autant sans être accusée de rétroactivité. C'est au moment où la saisie frappe un bien, que la question d'insaisissabilité s'élève et se tranche.

Dans le second cas, la raison est la même, et le débiteur ne peut se plaindre d'une pareille décision. Nous voyons, en effet, la législation française formuler dans son article 2093 du Code Napoléon une décision générale, en vertu de laquelle tous les biens non-seulement présents, mais encore à venir, du débiteur sont le gage de ses créanciers. Le législateur français n'a donc pas cru que le débiteur eût le droit de se plaindre que tous ses biens fussent le gage de ses créanciers ; le débiteur, en effet, n'a pas d'intérêt plus grand que celui de s'acquitter, et l'on peut dire que l'augmentation des gages à l'aide desquels il acquiert une confiance plus grande de la part de ses créanciers, bien loin de lui être nuisible, sert au contraire ses véritables intérêts ; ceux-ci, plus rassurés, pourront retarder leurs poursuites.

La règle que nous venons de tracer s'applique au cas où le législateur rend un bien insaisissable, soit à cause de la nature de ce bien, soit par des considérations d'humanité, soit par des raisons étrangères à la personne du débiteur. Mais la situation est très-différente lorsque l'insaisissabilité d'un bien dérive de l'incapacité, dont ce débiteur est frappé, d'aliéner ce bien.

C'est ainsi que nous expliquons l'impossibilité pour les créanciers qui ont traité avec une femme mariée sous le régime dotal, de saisir les immeubles dotaux de leur débiteur (1).

Supposons qu'une loi nouvelle décide que les biens dotaux pourront toujours être saisis par les créanciers de la femme. Ce changement, quoiqu'antérieur à la saisie pratiquée, n'aura aucune influence sur l'effet des obligations contractées par la femme avant la promul-

---

(1) M. Labbé, *Rev. crit.*, IX, 1.

gation de la loi nouvelle. La femme a été incapable de
conférer à son créancier le droit de saisir ses immeubles
dotaux. Les questions qui se posent sur la validité d'un
contrat et ses conséquences, se résolvent d'après la loi
en vigueur au moment où le contrat a été formé. Nous
reviendrons plus tard sur ce principe. Nous avons
voulu seulement ici distinguer deux espèces d'insaisissabilité de nature opposée.

Gage spécial. — Le *gage spécial* est le droit donné
par le débiteur, ou par une tierce personne pour le débiteur, à son créancier, sur une chose mobilière, spécialement désignée pour la sûreté du payement de sa
dette. La question de rétroactivité se présente ici, lorsque la loi nouvelle vient diminuer ou augmenter le
droit du créancier sur la chose donnée en gage. Dans
le premier cas, la nouvelle loi ne peut point avoir d'application sur le gage antérieurement constitué : c'est le
contraire de ce qui a lieu en cas de gage général ; car,
ici, il y a un droit acquis par le créancier, et la loi
nouvelle ne peut pas le lui ôter. Dans le second cas,
par exemple, lorsque la nouvelle loi vient étendre le
bénéfice du gage à une dette contractée postérieurement
à celle pour laquelle le gage a été donné, nous estimons
que cette loi s'applique immédiatement, parce qu'il
n'y a de droit acquis au profit de personne. Il est impossible, en effet, que la chose ait été engagée, en second
rang, à un autre créancier. On pourrait peut-être nous
opposer l'espérance des autres simples créanciers, de
voir rentrer la chose dans le patrimoine de leur débiteur ; mais nous répondrons, comme dans le cas de gage

général, que, le débiteur étant libre d'étendre son gage,
à plus forte raison le législateur peut-il le faire. Nous
venons de faire allusion à la disposition de l'article 2082
du Code Napoléon, et nous avons admis que le droit
de gage, étendu par la loi à la dette née depuis la constitution du gage, était opposable aux autres créanciers. C'est un point discutable ; mais comme il n'entre
pas dans notre plan, nous le laisserons de côté.

Un autre cas peut se présenter encore : si la loi nouvelle permettait, contrairement à la prescription de l'article 2078 du Code Napoléon, de donner une chose en gage,
sous la condition de la garder en pleine propriété, en cas
de non-paiement à l'échéance ; ou, en sens inverse, si la
loi nouvelle prohibait cette convention, alors que l'ancienne législation la permettait. Dans tous ces cas la loi
nouvelle ne s'appliquera qu'aux conventions de gage
qui lui seront postérieures. Du reste, nous avons traité
cette question *in extenso* dans notre chapitre du Droit
romain.

Une loi récente a accordé de grandes facilités pour la
constitution du gage commercial. Cette loi ne doit régir que les constitutions de gage postérieures à sa promulgation. Elle ne saurait valider les actes antérieurs
qui, d'après la législation alors existante, n'avaient pas
eu la vertu de produire un droit réel (1).

De l'antichrèse. — L'*antichrèse*, de même que le
gage, est une sûreté que le débiteur donne à son créancier ; mais celle-ci diffère du gage en ce qu'elle consiste,

____

(1) Voy. loi du 4 mai 1863.

de la part du débiteur, dans l'affectation spéciale, au payement de sa dette, d'un immeuble dont le créancier doit jouir, en imputant les fruits sur ce qui lui est dû, en intérêts d'abord, et en capital ensuite. Tout ce que nous avons dit pour le gage spécial s'applique pareillement à l'antichrèse.

Droit de rétention. — Ce droit se rencontre dans un très-grand nombre de situations qui dérivent de la convention ou de la loi (1) ; il consiste dans le droit pour le possesseur d'un objet mobilier ou immobilier, appartenant à un autre, de garder cet objet jusqu'à ce qu'il ait été pleinement satisfait pour l'exécution des obligations contractées envers lui par le propriétaire de la chose, et qui, d'ailleurs, auront le plus souvent un lien de connexité avec l'objet remis dans ses mains.

Lors donc qu'une loi nouvelle vient modifier, soit pour l'étendre, soit pour le restreindre, le droit de rétention, nous n'avons, pour résoudre les questions transitoires qui nous occupent, qu'à appliquer les principes que nous avons exposés à propos du gage spécial ; notre solution est la même. Dans le cas où la loi étend le droit de rétention, elle s'applique immédiatement, parce que personne n'a le droit de se plaindre ; dans le cas contraire, la loi nouvelle n'a aucune influence.

(1) On trouve ce droit de rétention dans l'article 545 du Code Napoléon au profit du propriétaire exproprié pour cause d'utilité publique ; dans l'article 867, pour l'héritier qui rapporte à la succession ; dans les articles 1612 et 1673, pour le vendeur sans terme et l'ach e teur à réméré ; dans l'article 1749, pour le fermier ; dans l'article 1948, pour le dépositaire, et enfin dans l'article 2082, pour le gagiste.

§ 5.

DE L'HYPOTHÈQUE.

L'*hypothèque* est aussi une sûreté réelle affectée à la garantie d'une créance ; elle s'assoit sur les immeubles ; elle est, comme nous le savons, *conventionnelle*, *judiciaire* ou *légale*. Dans tous ces cas, elle confère un droit dont le caractère est tel, que nous devons le classer parmi les droits acquis, et que la loi nouvelle ne peut, sans rétroagir, ni l'altérer, ni le diminuer, ni même l'augmenter. En étendant, en effet, le droit d'un créancier hypothécaire, elle restreindrait soit les droits d'autres créanciers qui viendraient après lui, et causerait ainsi un préjudice au droit acquis de ces derniers ; soit, s'il n'y avait pas d'autres créanciers hypothécaires après lui, le droit du débiteur lui-même, dont elle diminuerait ainsi le crédit, en dehors de ses prévisions. D'après la loi du 11 brumaire an VII, par exemple, le créancier en vertu d'un jugement n'avait d'hypothèque générale que sur les biens appartenant présentement au débiteur ; d'après le Code Napoléon, au contraire, art. 2123, l'hypothèque judiciaire s'étend même sur les biens à venir. Or, on a décidé que celui qui a obtenu un jugement avant la promulgation du Code, n'a d'hypothèque que sur les biens qui appartenaient à son débiteur lors du jugement (1).

Pour les hypothèques conventionnelles et judiciaires personne ne peut douter de l'irrévocabilité du droit :

____

(1) Chabot de l'Allier, *Questions trans.*, t. II, p. 312.

les premières résultent d'un contrat, les secondes d'un
jugement, et nous avons prouvé dans notre partie générale, que tous les effets des contrats et des jugements
sont irrévocables, et que la loi postérieure ne saurait
en aucune façon les modifier. Quant à l'hypothèque
légale, on a voulu faire une exception, et voici l'espèce
qui y a donné lieu : avant la promulgation du Code,
il y avait des coutumes qui accordaient à la femme mariée une hypothèque pour toutes ses créances, à dater
du jour du mariage, ou même du jour du contrat de
mariage. Le Code Napoléon, art. 2135, dispose, au
contraire, qu'elle n'aura d'hypothèque pour l'indemnité des dettes qu'elle pourrait contracter avec son mari,
ou pour le remploi de ses propres, s'ils venaient à être
aliénés, qu'à compter du jour de l'obligation ou de la
vente. Supposons donc qu'une femme mariée sous
l'empire de l'ancienne législation, ait, après la promulgation du Code, contracté avec son mari des
obligations, ou bien ait consenti la vente de ses biens
propres, tandis que, d'autre part, le mari aurait conféré
des hypothèques sur ses immeubles, avant l'obligation
de sa femme ou la vente du bien : dans ce cas, M. Grenier (1) croit que la femme, pour les créances sus-
mentionnées, n'aura d'hypothèque que d'après les
dispositions de l'article 2135, et que les créanciers
hypothécaires passeront avant elle en cas d'expropriation des biens de son mari et de distribution par voie
d'ordre. Les raisons de M. Grenier sont, qu'ici il s'agit

____

(1) *Hypothèques*, t. I, p. 517.

d'un fait postérieur au Code Napoléon, et cet auteur
ajoute que cet acte est volontaire de la part de la femme.
Quant à nous, avec les auteurs (1) presque unanimes,
et avec la jurisprudence maintenant fixée définitivement, nous croyons qu'on est loin de la vérité en rai-
sonnant ainsi; car rien n'est plus inexact, comme le dit
très-bien M. Paul Pont, que de subordonner le choix
de la législation au point de savoir si le fait dans lequel
la femme trouve son droit à l'hypothèque, est ou non
potestatif de sa part. La femme a ici un droit qui découle d'un contrat et se trouve, par conséquent, de l'espèce des droits qui, comme nous l'avons dit, sont hors
des atteintes de la loi postérieure, quand même ils ne
seraient qu'éventuels. Il est indifférent que les stipulations matrimoniales soient constatées par écrit, ou
résultent de la loi ; les parties sont censées avoir adopté
tout ce que porte la loi. La femme donc, qui s'est mariée sous l'ancienne législation, a dû compter sur la
garantie de l'hypothèque telle qu'elle lui était assurée,
et régler en conséquence ses conventions matrimoniales ; car, autrement, elle aurait pris peut-être d'autres
précautions pour la sûreté de ses biens. Voici les termes
dont se sert la Cour de cassation pour exprimer sa pensée sur ce point : « Lorsque notre article dispose que
l'hypothèque des femmes sur les biens de leurs maris,
pour l'indemnité des dettes ou le remploi des propres
aliénés date, non du jour du mariage, mais de celui

(1) Troplong, *Privil. et hypothèque*, t. II, p. 538. — Demol., t. I,
860. — Paul Pont, *Priv. et hypothèque*, t. II, p. 761. — Dalloz, *Hypothèque*, p. 125.

de l'obligation ou de la vente, il ne statue que pour l'avenir, et uniquement à l'égard des femmes mariées depuis la publication du Code : tout ce qui tient à la constitution de l'hypothèque, à son rang, en ce qui concerne les femmes mariées antérieurement, demeure réglé par les lois anciennes, sauf les droits que les tiers auraient pu acquérir à leur préjudice, en vertu de la loi du 12 brumaire an VII. »

Cette dernière phrase fait allusion à une disposition de la loi de brumaire, par laquelle cette loi soumettait à l'inscription dans un délai déterminé même les hypothèques nées antérieurement, même les hypothèques légales des incapables. C'est, en effet, ce que peut ordonner le législateur sans injuste rétroactivité. Il peut subordonner la conservation d'un droit acquis à l'accomplissement d'une formalité simple et facile. Voyez 1re loi du 11 brumaire an VII, tit. III, art. 37 et suivants; comparez lois des 16 pluviôse an VII ef 17 germinal an VII, qui prorogent le délai.

Nous trouvons dans le nouveau Code de Roumanie une disposition analogue à celle de la loi de brumaire an VII. L'article 1815 est ainsi conçu : « Les femmes mariées jusqu'à la promulgation de cette loi, seront obligées de demander, dans l'année à partir de cette époque, inscription sur les immeubles de leurs maris pour l'assurance de leur dot, conformément aux règles prescrites par le présent Code. »

La loi française du 23 mars 1855 nous offre un nouvel exemple d'une semblable prescription. Cette loi décide que les femmes, à partir de la dissolution de leur mariage, et les ex-pupilles, à partir de leur majorité, ou leurs héritiers, devront, dans le délai d'une année, inscrire leur hypothèque légale. Elle dispose, en outre, que cette nécessité incombera aux femmes déjà veuves, et aux ex-pupilles déjà majeurs au moment de sa mise en vigueur, et fixe pour ces personnes, comme point de départ du délai, le 1er janvier 1856 (art. 8 et 11).

Une difficulté s'est élevée sur la combinaison de cette prescription avec une autre disposition de la même loi. Le législateur de 1855 soumet à la publicité les subrogations à l'hypothèque légale de la femme mariée, mais seulement celles qui seront consenties postérieurement au 1er janvier 1856 (art. 9 et 11). On s'est demandé si un créancier, subrogé avant cette époque, devait, pour conserver le bénéfice de cette subrogation, faire inscrire l'hypothèque légale de la femme avec laquelle il a traité, cette femme étant depuis devenue veuve. Nous croyons que la loi, dans l'article 11, a dispensé un créancier subrogé avant sa mise en vigueur, de publier sa subrogation pour acquérir un rang et un droit de préférence sur les autres subrogés ; mais elle a laissé le subrogé sous l'empire de cette règle, que le cessionnaire ne saurait avoir plus de droit que le cédant, et que le droit cédé est, pour le cessionnaire, soumis aux mêmes chances d'extinction ou de déchéance que pour le cédant. Donc le subrogé antérieur à 1856 doit, si la femme devient veuve, veiller à l'inscription d'une hypothèque dont il ne peut, qu'à cette condition, conserver le rang à l'égard des autres créanciers du mari.

Nous saisissons cette occasion de traiter une autre

question transitoire qui s'élève relativement à la loi du
23 mars 1855. Cette loi donne à la transcription d'un
acte d'aliénation l'effet d'arrêter le cours des inscriptions
à prendre du chef du précédent propriétaire, effet qui,
d'après la législation antérieure, ne se produisait que
quinze jours après la transcription (art. 834 C. Proc.).
Un acte d'aliénation ayant date certaine au 1er janvier 1856 est transcrit après cette époque en vue de
purger les hypothèques. Les créanciers hypothécaires
du chef de l'acquéreur auront-ils quinze jours encore
pour s'inscrire, ou seront-ils déchus à défaut d'inscription avant la transcription? Nous croyons que l'article 6 de la loi de 1855 est applicable à l'hypothèse.
Le mode de purger, le délai dans lequel une hypothèque peut s'inscrire, peuvent être changés par le
législateur, même à l'égard des hypothèques déjà constituées. Le retard apporté à la mise en vigueur de la
loi jusqu'au 1er janvier 1856 prévient d'ailleurs toute
surprise.

La question de rétroactivité peut encore se présenter
dans le cas où l'ancienne législation n'autorisant pas la
réduction des hypothèques sans le consentement formel
des créanciers, la nouvelle la permettrait dans certains
cas; les hypothèques constituées antérieurement pour-
raient-elles alors être réduites? La question s'est présentée lors de la promulgation du Code Napoléon. Dans
l'ancien droit, et même sous l'empire de la loi du 11
brumaire an VII, les demandes en réduction n'étaient
pas admises; au contraire, le Code, dans les articles 2143,
2144, 2161 et 2162, autorise, dans les cas prévus et

précisés par ces articles, la réduction ou la radiation partielle de l'inscription de l'hypothèque. Des personnes qui avaient des biens grevés d'hypothèques, et qui se trouvaient dans les situations prévues par les articles sus-mentionnés, ont voulu profiter de la faveur de la nou-velle législation ; mais leurs demandes ont été repoussées avec beaucoup de raison par la justice ; car, dans tous ces cas, le droit d'hypothèque se trouvant acquis défi-nitivement au créancier avant le Code, la survenance de celui-ci ne peut point le modifier, et il doit être régi par les dispositions de la législation sous laquelle il a été constitué.

Nous avons essayé de démontrer que les femmes ma-riées avant un changement de législation, conservaient le bénéfice de la loi ancienne. Mais, en sens inverse, si la loi nouvelle est plus avantageuse, peuvent-elles s'en prévaloir?

Les femmes dont le mariage est dissous au moment où la législation change, ne peuvent pas invoquer la loi nouvelle pour des réclamations qu'elles auraient à for-mer contre leurs maris. Leur situation est définitive-ment fixée ; n'étant plus en état de mariage, elles ne sauraient réclamer les avantages que la loi nouvelle ac-corde aux femmes mariées.

Quant à celles dont le mariage dure encore au mo-ment de la promulgation de la loi nouvelle, nous croyons qu'elles en profitent ; le législateur est libre d'accorder aux incapables toutes les protections que leur état paraît exiger, et il ne doit pas distinguer entre les incapables, suivant que leur état d'incapacité a ou

non commencé avant la loi qu'il émet dans ce but. La loi
de brumaire an VII assujettissait à la publicité l'hypothèque légale de la femme mariée. Le Code Napoléon
lui a rendu le privilége de la clandestinité. Une femme
qui, mariée avant le Code, n'avait pas encore fait inscrire son hypothèque légale, a été dispensée de le faire
par la promulgation du Code Napoléon. Seulement
son hypothèque légale, ayant rang indépendamment
de l'inscription, a daté de la promulgation du Code
de 1804.

Une question très-importante s'est présentée encore
sous le Code pour les hypothèques établies avant sa
promulgation, sur des rentes constituées à perpétuité ;
dans certains pays de coutumes, ces rentes, même
celles constituées à prix d'argent, étaient réputées immeubles. Le Code Napoléon ayant déclaré toutes les
rentes meubles, ces hypothèques continueraient-elles
d'exister? La majorité des auteurs a admis que ces
hypothèques ne sont pas du tout atteintes par la nouvelle législation, et cela pour les raisons suivantes :
1° qu'elle n'a rien décidé sur ce point, et par conséquent qu'elle ne peut agir que pour l'avenir, laissant
intacts les droits valablement acquis; 2° que le législateur lui-même les reconnaît dans un autre endroit ;
car l'article 655 du Code de procédure civile, inséré
au titre de la saisie et de la vente judiciaire des rentes
constituées sur particuliers, après avoir dit que la distribution du prix de la vente aura lieu conformément
aux dispositions comprises au titre *de la Distribution,*
ajoute expressément : « Sans préjudice néanmoins

des hypothèques établies antérieurement à la loi du
11 brumaire an VII » (voyez les articles 7 et 42 de la
1re loi du 11 brumaire an VII).

La question est la même pour les baux emphytéoti-
ques temporaires antérieurs. Sans toucher à la grande
controverse sur le point de savoir si le Code a maintenu
cette institution (cela serait tout à fait étranger à notre
sujet), nous croyons, pour les raisons données ci-dessus, que ces hypothèques conférées par l'emphytéote
sur sa jouissance, avant le Code Napoléon, sont con-
servées par le Code, et se continueront pour le temps
qui reste à courir, sous le Code.

Les inscriptions, qui vivifient les hypothèques, sont
par le Code français et la plupart des législations modernes, assujetties à renouvellement. Mais il y a des
différences au point de vue du délai du renouvellement. Le Code Napoléon fixe dix ans, et le Code des
États Sardes fixe quinze ans. L'annexion de la Savoie
à la France a fait passer ce pays de la législation sarde
sous la législation française. Quel est le sort des inscriptions prises avant l'annexion?

A ne consulter que les principes, voici les solutions
auxquelles nous sommes conduit : La péremption des
inscriptions pour défaut de renouvellement est une espèce de prescription. Il en résulte que les tiers qui in-
voquent la péremption ont le choix entre la loi ancienne, en comptant le temps déjà écoulé, et la loi
nouvelle, en ne faisant le calcul du temps qu'elle exige,
qu'à partir de sa promulgation. En d'autres termes, les
inscriptions qui avaient encore plus de dix ans à vivre

sans renouvellement, d'après la loi sarde, ont été restreintes à une durée de dix ans.

Mais, à propos de l'annexion de la Savoie, le législateur français a réglé formellement la question, et par
un scrupule exagéré au sujet de la rétroactivité, il s'est
écarté des principes. Il a décidé que les inscriptions
prises avant la réunion de la Savoie à la France
continueraient, dans tous les cas, à être régies par le
Code des États Sardes. Le législateur est assurément
le maître de retarder l'application de la loi qu'il pro-
mulgue (1).

(1) Voyez la loi du 18 mai 1865. Cette loi ne statue que sur les
devoirs des conservateurs des hypothèques touchant des états d'inscriptions. Mais il nous semble, comme à M. Caillemer, que la volonté du législateur doit être suivie quant au fond du droit, et que
toutes les inscriptions admises dans l'état doivent être considérées
comme valables. — *Revue crit.*, t. XXXII, p. 97.

CHAPITRE III

Dans ce chapitre nous nous occuperons des *successions*, tant *ab intestat* que *testamentaires* ; cette matière se rattache à celle de la propriété en général, et nous eussions parfaitement pu la traiter dans le chapitre précédent ; mais, pour rendre plus clair l'exposé des principes qui s'y trouvent engagés — exposé qui est peut-être le plus délicat de tous ceux que nous avons faits, et qui nous restent à faire — nous avons jugé convenable de l'isoler dans un chapitre distinct, tout en lui laissant sa place naturelle immédiatement après l'examen des droits réels, à savoir de la propriété et de ses démembrements divers. Nous diviserons ce chapitre en deux paragraphes : dans le premier nous nous occuperons des *successions ab intestat* ; dans le second, des *successions testamentaires*.

Posons d'abord quelques principes généraux. Le droit de succéder ne s'ouvre qu'au moment de la mort ; jusqu'à cette époque, l'héritier du sang et le légataire institué n'ont qu'une simple expectative ; ils n'ont pas encore de droit acquis, et la loi non-seulement ne leur reconnaît pas un pareil droit, mais elle leur défend de trafiquer, de disposer de la simple expectative, ou de l'espérance plus ou moins fondée que peuvent avoir l'héritier ou le légataire présomptifs. Disons immédiatement que cette défense est générale, et s'applique même à l'héritier réservataire. Ce premier principe posé, nous arrivons sans peine au second, d'après lequel *toute espèce de succession est régie par la loi sous laquelle elle s'ouvre*. La raison de cette règle ressort de ce que nous venons d'exposer : personne n'ayant ni droit acquis, ni expectative reconnue et dont le respect soit imposé par la loi, aucune plainte ne pourra s'élever, quelles que soient les dispositions de la loi nouvelle. Quoique ce principe n'ait jamais été contesté par personne, cependant son application a donné lieu à plusieurs questions délicates et pleines d'écueils, ainsi que nous allons le voir en pénétrant dans les détails de la matière.

§ 1.

SUCCESSIONS *ab intestat*.

1° *Ouverture de la succession ab intestat*. — En droit français, la succession s'ouvre par la mort naturelle du *de cujus* (1), et l'héritier est saisi de plein droit ; c'est-à-dire, que l'effet de l'acceptation exprimée un peu plus tard, n'est point d'investir l'habile à succéder de la succession, mais bien d'ôter à l'héritier, déjà investi par la saisine, le droit de renoncer à la succession.

En droit romain les principes étaient différents : l'ouverture de la succession *ab intestat* avait lieu à l'époque où il devenait certain que le défunt n'aurait

____

(1) Nous ne parlons pas de la mort civile, qui a été abolie par la loi de 1851.

pas d'héritier testamentaire. Aussi longtemps qu'un héritier testamentaire était légalement espéré, la succession n'était pas dévolue *ab intestat*. Il en résultait que cette dévolution s'opérait parfois au moment de la mort, lorsque le *de cujus* ne laissait pas de testament, ou bien au cas où celui qu'il laissait était nul, ou traité comme tel, par exemple pour inofficiosité. Mais si un testament valable existait, que l'héritier institué mourût avant d'avoir fait adition, ou que la condition de son institution fît défaut, l'hérédité était déférée *ab intestat*, lorsqu'il devenait certain que le testament ne produirait pas d'héritier (1).

Il pouvait donc arriver, en droit romain, qu'une loi nouvelle sur les successions *ab intestat* fût rendue postérieurement à la mort du *de cujus*, et qu'elle fût rendue avant l'ouverture de la succession. Dans ce cas, c'était encore, sans aucune espèce de doute, cette loi nouvelle qui devait régler la dévolution de cette succession. Toutefois on ne devait pas étendre cette décision au cas où une loi nouvelle venait à être promulguée entre l'ouverture de la succession et l'adition d'hérédité. Il est bien vrai qu'en droit romain, il y avait presque toujours un intervalle entre l'ouverture de la succession et l'acquisition de l'hérédité (2) : ce n'était que par l'adition que l'hérédité était acquise, que le successible avait un droit acquis, et que s'opérait la confusion

(1) *Institutes*, procœm., et § 7, *De hæreditatibus quæ ab intestato d feruntur*, III, 2.

(2) Il faut, bien entendu, excepter le cas de l'héritier sien et nécessaire et le cas de l'héritier nécessaire.

des patrimoines du *de cujus* et de l'héritier. Néanmoins dans ce cas nous croyons, malgré l'opinion contraire de quelques jurisconsultes allemands, que c'était la loi en vigueur au moment de l'ouverture qui devait régler la succession ; car l'ouverture confère à l'héritier le droit ou la faculté d'accepter la succession et de la confondre avec ses biens, ou de la répudier ; ce droit lui appartient, il lui est véritablement acquis, et n'a plus besoin que d'être exercé : c'est ce qui aura lieu par l'adition d'hérédité. Celle-ci étant permise à l'héritier dès l'ouverture de la succession, ouverture fixée ainsi que nous l'avons vu plus haut, il ne saurait y avoir de doute sur l'existence d'un droit, d'un avantage juridique dont l'héritier est investi dès cette même époque ; et cet avantage appartient assez pleinement à l'héritier, pour que la loi nouvelle, dont nous étudions les effets, soit incapable de le lui ravir.

Nous pouvons argumenter par analogie de cette disposition du droit romain qui exige chez l'héritier la capacité et à l'époque de la dévolution, et à l'époque de l'adition, et sans discontinuité dans l'intervalle. Les Romains n'ont pas voulu que le moment de l'adition, qui est arbitraire ou fortuit, eût une influence sur l'attribution de la succession. Tout cela, d'ailleurs, est exprimé par la loi XII de Justinien, insérée au Code, *De suis ex legitimis*, VI, 54.

En droit français, les mêmes difficultés ne se présentent pas. La dévolution date toujours de la mort du *de cujus*. La dévolution et l'acquisition se confondent dans une même époque pour l'héritier saisi.

Quant au successeur non saisi, nous considérerons également la loi en vigueur au moment de l'ouverture, sans tenir compte de la loi en vigueur au temps de l'acceptation ou de la demande d'envoi en possession. Nous adopterons ainsi la décision du droit romain, avec d'autant plus de raison que, selon le droit français, l'acceptation par le successeur non saisi rétroagit à l'époque de l'ouverture de la succession, et que, dès cette époque, le successeur même non saisi a un droit transmissible à ses héritiers.

Cependant le principe que nous avons énoncé au commencement de ce chapitre, en ce qui touche la loi qui doit régler, en droit français, la succession d'une personne, ne doit pas être étendu à certains droits de survie ou autres, qui résultent tout à la fois de la loi et des conventions des parties. En supposant un mariage contracté sous l'empire d'une loi qui accorde des gains de survie, celui des époux à qui ils étaient accordés aura-t-il un droit irrévocable à les réclamer, s'il survit à son conjoint, quoique celui-ci soit décédé sous une nouvelle législation qui a supprimé ces attributions ou gains de survie? Nous admettons l'affirmative. Dans ce cas, en effet, s'il n'y avait pas absolument pour chacun des époux un droit acquis conditionnel, il y avait au moins une expectative grave et sérieuse, que le législateur devait maintenir, parce qu'elle était devenue l'une des bases, l'un des principaux éléments d'un contrat qui, sans elle, n'aurait peut-être pas eu lieu (1).

____

(1) Demolombe, t. I, p. 55. — Duvergier, *loc. cit.*, p. 110.

L'application de notre principe présente une grande importance dans le cas où l'ancienne législation déclare les héritiers solidairement ou indivisément tenus des dettes du défunt ; tandis que la législation postérieure décide, comme le Code Napoléon, que les héritiers ne sont tenus, chacun, que proportionnellement à sa part héréditaire. Si nous supposons qu'une succession s'est ouverte et a été acceptée sous l'ancienne loi, les héritiers ne peuvent pas, sous la loi nouvelle, invoquer le bénéfice de la divisibilité des dettes : pas de doute à cet égard ; mais la question a paru plus délicate, lorsque la succession, ouverte sous l'ancienne législation, n'a été acceptée que sous la nouvelle. Toutefois, même dans ce cas, conformément aux principes de la saisine, les héritiers ne peuvent pas profiter des dispositions de la loi nouvelle, et ils sont tenus solidairement, parce qu'ils sont saisis du moment de l'ouverture de la succession, et que l'acceptation n'a pour effet que de leur ôter le droit de renoncer à la succession.

On peut encore donner comme exemple de l'application de notre principe, le cas suivant. Plusieurs coutumes, et notamment celle de Paris, permettaient, en cas de succession collatérale, à l'héritier, même subséquent, qui offrait de se porter héritier pur et simple, d'exclure l'héritier bénéficiaire, à moins que ce dernier ne convertît sa qualité en celle d'héritier pur et simple, tandis que le Code Napoléon lui refuse ce droit. En supposant une pareille succession ouverte avant le Code, sous l'empire d'une de ces coutumes, et acceptée sous bénéfice d'inventaire, on se demande si, après la

publication du Code, un héritier peut, en acceptant
purement et simplement, exclure l'héritier bénéficiaire,
conformément à la coutume de Paris. Nous le croyons
avec le savant procureur général à la Cour de cassation (1), et cela a été ainsi décidé par la Cour de Paris
le 15 mai 1811.

Nous ajoutons enfin que les formalités à remplir pour
l'acceptation ou pour la renonciation à la succession,
sont régies par les lois en vigueur au moment de la déclaration, conformément aux règles que nous avons
exposées dans notre partie générale, règles d'après lesquelles les formalités d'un acte sont régies par les lois
du moment où l'acte s'accomplit.

2° *Attribution de la succession.* — Le principe sus-
mentionné reçoit ici toute son application. Les biens
du défunt passent à ceux que la loi en vigueur au
moment de l'ouverture de la succession appelle comme
héritiers. La question peut se présenter lorsque, dans
un pays où la loi n'accorde le droit de succéder qu'aux
mâles, une loi plus humaine survenant, fait justice de la
fausse ambition qui avait inspiré, au profit de l'illus-
tration de la famille dans ceux qui en portent le nom,
une disposition contraire aux droits de l'égalité et de la
dignité des sexes, et appelle sans distinction tous les
parents du même degré. Cela se passait ainsi en Pié-
mont, jusqu'à l'introduction du Code Napoléon; en
Roumanie, il en a été de même jusqu'en 1865, époque
où a été promulgué un nouveau Code imité du Code

____

(1) Merlin, t. X, *Effets rétroact..,* sect. III, § 5.

français. Dans ce cas, conformément à notre principe, si la succession a été ouverte avant la promulgation de la nouvelle législation, quoique le partage ou l'acceptation n'aient eu lieu que sous la loi postérieure, la succession est régie par l'ancienne loi. Mais si la succession s'ouvre sous la nouvelle législation, alors les filles qui ne seraient pas venues à la succession d'après la loi ancienne, y seront appelées, encore bien qu'elles aient été dotées, ou aient reçu des donations comme compensation de la privation du droit de succéder. Toutefois elles seront obligées, si elles désirent venir à l'hérédité, de rapporter leurs dots ou leurs donations, conformément aux dispositions de la loi nouvelle. Le Code roumain contient même, dans son article 1914, une disposition transitoire qui est ainsi conçue : « La fille dotée « avant la promulgation de cette loi, si elle désire ve- « nir à une succession ouverte après la promulgation « de cette loi, est obligée de rapporter la dot. »

Tout ce que nous venons de dire pour le cas de masculinité, s'applique pareillement au cas de primogéniture.

3° *Partage.* — La succession est ouverte, les héritiers ont acquis des droits indivis sur les biens du défunt. Durant cet état la législation change en ce qui concerne la faculté de sortir de l'indivision : la loi ancienne admettait des obstacles à la demande en partage ; la loi nouvelle les supprime, ou inversement. Quelle loi appliquer? Est-ce la loi qui était en vigueur au moment de l'ouverture de la succession, au moment où l'indivision a commencé? Nous ne le pensons pas. La loi qui détermine les cas où l'on peut être forcé de rester dans l'indivision, statue sur le mode d'existence de la co-propriété. Une telle loi doit être immédiatement applicable même aux indivisions dont le point de départ est antérieur. Désormais la co-propriété ne peut plus exister dans le pays que de la manière que fixe la loi nouvelle. Il ne s'agit pas d'enlever un droit acquis à une personne et de le transférer à une autre ; il s'agit purement de réglementer les attributs, la manière d'être de la copropriété. Ajoutons que le législateur se décide presque toujours à supprimer les obstacles à la sortie d'indivision, par des considérations d'intérêt général.

Cette solution prépare celle que nous aurons à donner sur la question de savoir par quelle loi doit être régi le caractère translatif ou déclaratif du partage. La loi en vigueur au moment de l'ouverture de la succession, reconnaissait, comme le droit romain, au partage le caractère d'un acte translatif de propriété ; avant que l'indivision ait cessé, la législation est modifiée et imprime au partage un caractère déclaratif. L'intérêt principal de cette règle regarde les droits constitués durant l'indivision par un cohéritier auquel la chose n'est pas en définitive attribuée. Suivant nous une loi semblable statue sur le mode d'existence de la copropriété ; elle décide si les copropriétaires pourront ou ne pourront pas conférer aux tiers des droits stables sur leurs parts indivises. Cette loi exerce son empire aussitôt qu'elle est rendue. Il en résulte que le partage aura le caractère que lui imprime, les effets que lui donne la loi nouvelle en vigueur au moment où il s'accomplit, sauf le maintien des droits conférés à des tiers sur des parts indivises avant sa promulgation.

4° *Rapport*. — Le *rapport*, en général, subit aussi l'application du principe que nous avons développé jusqu'à présent pour les successions ; toutefois, dans une hypothèse spéciale que nous allons bientôt examiner, nous serons obligés de faire une distinction et d'appliquer tantôt les dispositions de la loi ancienne, tantôt celles de la loi nouvelle ; mais nous verrons que ce n'est là qu'une application du même principe à des situations différentes.

On peut concevoir quatre systèmes principaux de législation pour régler le rapport des donations faites à des successibles :

1° Le système admis par les coutumes d'égalité de l'ancienne législation française, et qui est aussi celui de la loi du 17 nivôse an II, d'après lequel il y a incompatibilité absolue entre la qualité d'héritier même renonçant et celle de donataire ;

2° Le système admis par les coutumes de Paris et d'Orléans, qui, tout en refusant au donateur la faculté de dispenser du rapport le donataire, permet cependant à ce dernier de garder ce qui lui a été donné en renonçant à la succession ;

3° Le système admis dans le dernier état de la législation romaine, conservé dans les coutumes, de *préciput*, consacré par la loi du 4 germinal an VII, et enfin par le Code Napoléon, d'après lequel l'obligation du rapport cesse, non-seulement par la renonciation du successible à la succession, mais encore par une dispense émanée du donateur, dispense qui toutefois doit être expresse ;

4° Le système qui consiste à n'imposer l'obligation du rapport que quand le donateur l'aurait expressément ordonné dans l'acte même de la donation : ce qui s'était introduit dans les mœurs en Roumanie.

Supposons donc une donation faite à un successible sous une législation qui ne l'oblige pas à rapporter s'il renonce à la succession, ou s'il y a une dispense de rapport (3ᵉ système) ; ou sous une législation qui n'impose point du tout ce rapport (4ᵉ système), et que la succession du donateur s'ouvre sous une législation nouvelle qui ne permet de venir à la succession qu'à la condition par le donataire de rapporter ce qu'il a reçu nonobstant la dispense. La majorité des jurisconsultes a décidé qu'on doit appliquer la loi de l'ouverture de la succession, sans craindre le reproche de rétroactivité. La raison est bien simple ; le législateur n'attaque point le droit acquis du donataire, mais, tout en le respectant, il est maître de régler les conditions sous lesquelles on doit venir à l'hérédité. Nous avons, en effet, précédemment établi que c'est la loi de l'ouverture de la succession qui détermine les successibles et fixe l'étendue de leurs droits ; c'est donc à elle aussi de régler les conditions auxquelles elle entend soumettre ces successibles ; et la loi nouvelle décide seulement à quelle condition le donataire pourra venir à la succession. Elle ne statue point du tout sur la donation elle-même, elle lui laisse son caractère d'irrévocabilité : le donataire peut très-bien garder ce qui lui a été donné ; mais, s'il est intéressé à accepter la succession, il doit remplir les obligations nouvelles que l'acceptation lui impose; la loi nouvelle peut, tout le monde l'admet, lui ôter le droit de succéder ; à plus forte raison peut-elle exiger de lui certaines conditions, en l'appelant à la succession.

La règle et ses motifs sont les mêmes, si nous supposons une donation faite sous une législation qui dispensait le donataire de rapporter les choses données, et le donateur mort sous le Code Napoléon, qui, à moins de dispense expresse, exige le rapport pour admettre le donataire à la succession (1). M. Duvergier (2) donne la même solution, mais il ne la fonde pas sur les mêmes motifs.

La nécessité imposée au donataire, qui succède, de rapporter les biens donnés, ne saurait avoir aucun effet rétroactif à l'égard des droits conférés par ce donataire à des tiers sur ces biens. Par la donation il en est devenu propriétaire incommutable. La solution est la même, à notre avis, relativement aux droits constitués par le donataire depuis le changement de législation, avant qu'il ait pris parti sur la succession. La loi nouvelle n'a pas transformé en propriété résoluble la propriété pleine et entière dont il avait été investi.

Prenons une autre hypothèse, et celle-ci est un peu plus délicate à résoudre. Une donation ayant été faite de la même manière, sous l'empire des mêmes principes que celle que nous venons de supposer dans le premier exemple ; l'ouverture de la succession du donateur a lieu

(1) Mayer, p. 83 ; Grenier, t. II, n° 534.
(2) Duvergier, *loc. cit.*, p. 120.

sous une législation qui n'admet ni la dispense émanée
du donateur, ni la renonciation à la succession comme
moyen d'éviter l'obligation du rapport. Dans ce cas, si
le donataire veut venir à l'hérédité, pour les raisons que
nous avons développées ci-dessus, la loi nouvelle reçoit
son application ; c'est-à-dire, qu'il doit se soumettre à
la condition de rapporter. Mais, si, au contraire, le donataire renonce à la succession, nous croyons qu'il
retrouvera dans la loi ancienne le droit de garder la
donation qu'il a reçue ; dans ce cas, en effet, obliger le
donataire renonçant à rapporter, conformément à la loi
nouvelle, ce serait blesser un droit acquis, et nous
savons que le magistrat n'a pas ce droit. On ne peut dire
ici qu'il s'agit pour le législateur de régler les conditions
sous lesquelles le donataire vient à la succession ; celui-
ci s'en tient à la donation qu'il a reçue, et renonce à
bénéficier du droit que la loi lui offre de venir à la
succession ; la donation reste avec son caractère d'irrévocabilité, auquel la loi nouvelle ne peut pas porter
atteinte, ainsi que nous le verrons plus loin.

Il nous reste à examiner une espèce qui est l'inverse
des précédentes. La loi ancienne déclarait rapportables
toutes les donations qui ne contenaient pas une dispense
expresse. La loi nouvelle, au contraire, exige toujours
une dispense formellement exprimée. Que décider, la
donation ayant été faite sous l'empire de la première loi,
et le donateur étant mort sous l'empire de la seconde ?
Les deux lois s'accordent, en réalité, pour placer la source
du rapport dans la volonté du donateur. Elles varient
seulement sur la manière dont cette volonté doit se ma-

nifester. Il est équitable et logique de prêter au donateur une intention conforme à la loi en vigueur, au
moment où il faisait sa donation, et de se contenter du
genre de manifestation, le silence, par exemple, que la
loi ancienne admettait (1).

§ 2.

TESTAMENTS.

Les *testaments* étant un mode de disposition à titre
gratuit, on joint souvent à leur étude celle des donations ; nous, au contraire, nous ne parlerons des donations qu'en nous occupant des contrats, parce que, la
donation étant un contrat, la plupart des questions
qu'elle fait naître sont soumises aux principes qui
résolvent les questions soulevées à propos des contrats
en général. Nous n'étudierons donc ici que les questions
qui prennent naissance à l'occasion d'un *testament*.

Les auteurs qui ont le plus approfondi ce sujet, et
qui l'ont traité avec le plus de succès, sont unanimes
pour en diviser et en examiner la matière à quatre
points de vue différents : 1° Les formes du testament ;
2° la quotité disponible ; 3° la capacité du testateur ; 4° la
capacité du légataire.

Avant d'entrer dans l'étude détaillée de ces différents
points, nous devons dire tout d'abord que cette division du sujet suppose que les deux législations qui se
succèdent, reconnaissent l'une et l'autre le droit de

(1) M. Demolombe, t. I, n° 42.

tester. Une première question que nous avons à résoudre s'élève lorsque l'une de ces législations, soit la législation en vigueur au moment de la confection du testament, soit la législation en vigueur au moment de la mort du testateur, ne reconnaît pas ce droit. Dans ce cas, sans distinction, le testament est toujours nul. Car si, par exemple, la législation sous laquelle le testament a été fait ne permettait pas la succession testamentaire, le testament demeurerait sans effet, même dans le cas où le testateur viendrait à décéder plus tard, sous une législation qui reconnaît cette espèce de succession. Le testament, pour produire ses effets, doit être valable au moment de sa confection et au moment de la mort du testateur. La loi nouvelle permet de tester ; mais elle n'érige pas en testaments des actes qui, déjà faits, étaient destitués de toute valeur et avaient pu ne pas émaner d'une volonté sérieuse. Si nous supposons, au contraire, que le testament a été fait sous l'empire d'une législation qui permet de tester, et que la législation, à l'époque de la mort du testateur, n'accorde pas le droit de tester, le testament tombe encore; et ici, outre le principe que nous venons de rappeler, nous avons, pour le décider ainsi, une raison bien plus péremptoire : la nouvelle loi, en effet, a pour objet l'existence d'une institution : la succession testamentaire; or, nous avons dit dans notre partie générale, que les lois de cette nature ont une application immédiate. Donc, dans ces deux cas, point de doute sur la solution.

Que faudrait-il décider, si le testament permis au

moment de sa confection, l'était encore au moment de la mort du testateur, mais avait été prohibé dans l'intervalle par une loi passagère ? Nous n'hésitons pas, non-seulement en fait de testament, mais aussi pour tout acte qui se trouve dans la même condition, à appliquer l'adage : « *Media tempora non nocent* », ou, pour mieux dire, les variations de législation dans un temps intermédiaire, sont indifférentes. Nous décidons, avec les savants jurisconsultes Merlin et Mayer, que, dans les cas d'une succession de plusieurs législations différentes, on ne doit prendre en considération que la législation sous laquelle le fait en question a pris naissance, et celle sous laquelle l'effet de l'acte se produit ; et, par conséquent, nous appliquerons les principes que nous avons exposés, sans nous inquiéter de ce qui a pu avoir lieu dans l'intervalle. C'est aussi l'opinion qui a prévalu en jurisprudence.

1° *Formes des testaments.* — La règle générale que nous avons posée dans notre première partie, à savoir, que tout acte est valable quant à la forme, lorsqu'on a rempli pour le faire les formalités exigées par la loi de l'époque à laquelle il a eu lieu, s'applique sans difficulté aux testaments. Non-seulement le testateur a fait tout ce que la loi exigeait alors, mais il était même obligé de le faire, car les lois sur les formes sont, comme nous l'avons dit ailleurs, impératives. Le testament est consommé dans sa forme ; la manifestation de volonté qu'il contient est à l'abri de toute contestation, dans la limite des garanties offertes, par la loi existante, aux diverses formes autorisées par celle-ci. La loi qui modifie les formes des actes ne peut donc s'appliquer, pour en infirmer la valeur, aux testaments qui lui sont antérieurs. Et d'ailleurs, à défaut même de cette règle générale, rien ne nous prouve que la pensée du législateur était de contraindre tous les citoyens à refaire leurs testaments dans les formes nouvelles. Si telle eût été sa pensée, il aurait dû le dire, et fixer en même temps un certain délai dont le testateur aurait joui pour se conformer à la loi nouvelle, sans encourir de déchéance, si la mort le frappait avant l'expiration du délai. C'est ce qu'a fait le législateur prussien, dans le paragraphe 16 du Code civil, et dans quelques autres lois postérieures, par lesquelles,en étendant la législation prussienne à certaines provinces récemment conquises, il n'a infirmé les testaments olographes régulièrement faits antérieurement, qu'en fixant un délai pour les consacrer dans la forme authentique.

Une disposition de même nature se trouve dans l'article 49 de la loi transitoire de Hollande ainsi conçu :
« Tous ceux qui, avant l'introduction du Code civil, ont
« fait des testaments olographes conformes aux pré-
« ceptes du Code Napoléon, et qui désirent en conser-
« ver la validité, seront obligés de les donner en dépôt
« chez un notaire, conformément aux préceptes du
« nouveau code, dans le délai d'un an après son intro-
« duction. A défaut de ce dépôt, ces testaments n'au-
« ront leur effet que quand le testateur sera mort dans
« le délai fixé. »

C'eût été, en effet, une flagrante iniquité d'en agir autrement, car une disposition contraire aurait eu pour résultat d'infirmer un des droits les plus légitimes du citoyen, le droit de tester, pour tous ceux que la mort serait venue surprendre peu de temps après la promulgation de la loi.

En droit français, on peut encore, comme le dit très-bien M. Valette, argumenter, par analogie de l'article 997 du Code Napoléon d'après lequel le Français qui a traité dans un pays étranger en observant les formalités exigées par la loi du pays, n'est pas obligé de refaire son testament lors de son retour (1).

2° *Quotité disponible.* — Le testament étant un acte révocable, le légataire n'a jusqu'à la mort du testateur qu'une bien faible espérance, parce qu'elle peut être à chaque instant détruite, non-seulement par la volonté du testateur, mais encore par plusieurs autres circonstances. D'un autre côté, l'héritier réservataire est dans la même situation que le légataire jusqu'à l'ouverture de la succession ; il n'a également ni droit ouvert, ni expectative sérieuse ; il n'y a donc pas de droit acquis ni d'expectative à respecter. Aussi est-ce la loi en vigueur, au moment de la mort du testateur, qui doit fixer la quotité disponible, parce que c'est cette loi seule qui, en définitive, reconnaît la puissance du testateur et en détermine les limites. Ce ne saurait être celle du jour de la confection du testament : sur ce point, tout le monde est d'accord ; mais lorsque la loi augmente la quotité disponible, et que le testateur a légué non pas des corps certains, des valeurs certaines, mais sa quo-

___

(1) Tom. I, p. 39, notes sur Proudhon.

tité disponible, ce dont il peut disposer, son disponible, une difficulté d'interprétation s'élève; car il y a lieu de rechercher si le testateur a voulu disposer, non-seulement de la quotité disponible admise par la loi en vigueur au moment où il faisait son testament, mais encore de la quotité plus étendue qu'une loi postérieure est venue accorder. M. Demolombe fait dépendre la solution uniquement des termes du testament. C'est une question d'interprétation de volonté abandonnée aux magistrats.

Substitutions fidéicommissaires. — La règle que nous venons de poser doit évidemment recevoir encore ici son application, puisqu'ici encore il s'agit de l'étendue des droits du testateur. Ce sera donc la loi du jour de la mort du testateur qui régira seule cette grave question, et, pour la trancher, on n'aura nul égard aux prescriptions des lois antérieures. Ce n'est, en effet, que la mort du testateur qui donne force au testament, et qui le rend susceptible d'exécution. Ainsi le testament fait sous une législation qui permettait les substitutions fidéicommissaires, devient-il sans effet, quant aux substitutions qu'il renferme, si le testateur décède sous le Code Napoléon qui ne permet pas ce genre d'institution (art. 896); en sens inverse, un testament fait sous l'empire de la loi du 1790, qui défendait la substitution vulgaire, autorisée depuis par l'article 188 du Code Napoléon, pourra valablement contenir des substitutions vulgaires, si la vie du testateur s'est prolongée jusqu'en 1804.

En matière de substitutions fidéicommissaires, une

question beaucoup plus délicate surgit dans les circonstances suivantes : Un testament contenant de pareilles dispositions, est confirmé et rendu efficace par
la mort du testateur arrivée sous une loi qui les permet; plus tard une loi nouvelle vient prohiber encore
les substitutions, et elle est promulguée avant l'ouverture du droit des appelés. Dans ce cas on ne peut
douter qu'il n'y ait un droit acquis, pour les appelés nés
ou même simplement conçus, comme pour toute autre
personne propriétaire sous une condition suspensive ;
mais les opinions sont bien divergentes sur les droits
des appelés non encore conçus. Quant à nous, nous
croyons que la théorie de la loi du 7 mai 1849, art. 2
et 9, est la meilleure, et nous proposons de décider que
pour les appelés d'un même degré, l'ouverture du droit
au profit de quelques-uns, sauvegardera les intérêts de
tous, mais que les appelés du degré suivant perdront
tout droit à la substitution, si aucun d'eux n'est conçu
au moment où se trouve promulguée la loi qui prohibe
les substitutions pour l'avenir, et nous donnons la
même décision pour le cas où la loi nouvelle ne trouve
aucun appelé encore existant, ou au moins conçu. Nous
croyons que, dans ce cas, la substitution s'évanouira.

3º *Capacité du testateur*. — Pour bien fixer les règles
de cette partie de la matière, il est très-important de
distinguer avec soin la jouissance et l'exercice du droit
de tester, ce que M. de Savigny appelle capacité personnelle du testateur, *touchant ses rapports de droits,*
et capacité personnelle du testateur, *relativement à ses
qualifications physiques.* Le droit de tester, la jouis-

sance du droit, à Rome, comme aujourd'hui, dans la législation française, doit appartenir au testateur à deux époques : celle de la confection du testament et celle de la mort du testateur. Le testament fait par une personne qui n'aurait pas eu ce droit à ces deux époques, n'aurait point d'effet : par exemple, une personne capable au moment de la confection de son testament, meurt après avoir perdu cette capacité par l'effet d'une condamnation à une peine afflictive perpétuelle, qu'elle a encourue sous l'empire de la loi du 31 mai 1854 : son testament est nul ; de même, en sens inverse, celui qui, frappé d'une condamnation afflictive perpétuelle, aurait en cet état fait un testament, et qui mourrait ensuite gracié et réhabilité, ne laisserait pas de testament valable. On exige la capacité de droit à ces deux époques : à l'époque de la mort, parce que c'est la dernière volonté du testateur qui opère, c'est à ce moment que la transmission s'accomplit ; à l'époque de la confection du testament, parce que, bien que ce soit la dernière volonté du mourant qui règle la dévolution de la succession, néanmoins cette volonté ne pouvant pas être exprimée au moment précis de la mort, on a trouvé convenable de l'exprimer d'avance, en supposant la persévérance du mourant dans une manifestation de volonté qu'il ne contredit pas ; mais alors cette volonté prématurément manifestée tenant lieu de dernière volonté, il faut à celui qui l'exprime la capacité nécessaire pour la rendre efficace au moment même où elle apparait. Le testateur doit donc avoir la capacité du droit à deux époques. Nous en concluons que cette capacité doit être reconnue au testateur, et par la loi contemporaine de la confection du testament, et par la loi contemporaine de la mort du testateur.

Toutefois, il suffit que cette capacité existe aux deux époques indiquées, et peu importe que, dans l'intervalle qui les sépare, le testateur l'ait perdue et recouvrée, une ou plusieurs fois, par l'effet de lois passagères ou de circonstances fortuites. *Media tempora non nocent*, ou mieux, les changements de capacité ou de législation dans le temps intermédiaire n'ont pas d'influence. On ne doit s'attacher qu'à deux époques : celle de la confection et celle de la mort.

Quant à l'exercice du droit de tester, le principe est tout autre : le testateur n'en a besoin qu'au moment où il fait son testament ; si le testateur vient à le perdre par un changement de fait, son testament n'en reste pas moins valable. Par exemple, si une personne saine d'esprit, au moment de la confection de son testament, meurt folle, le testament ne sera pas invalidé pour cela, et il aura tout son effet. C'est d'ailleurs avec une bien grande sagesse que la loi l'a décidé ainsi, car, au moment où le testateur a exprimé sa volonté, il avait toutes ses forces intellectuelles ; or, nous dirons ici ce que nous disions il n'y a qu'un instant à propos de la mort : *le fait*, par le testateur, de n'avoir point, jusqu'au jour où il a été frappé de folie, modifié l'expression précédemment donnée de sa volonté, *doit faire* présumer et accepter comme chose certaine, qu'il n'a pas changé d'intention, et que dès lors la volonté par lui exprimée est bien sa volonté suprême et dernière.

Mais que faudra-t-il décider si, au lieu d'un changement de *fait*, c'est un changement de droit qui survient? Une loi nouvelle retire à une personne l'exercice du droit de tester, exercice que la loi antérieure lui accordait, ou accorde l'exercice que la loi ancienne refusait. Dans ce cas, il faut distinguer : le testament fait par un incapable, c'est-à-dire par une personne n'ayant pas l'exercice du droit de tester, ne sera pas validé par la survenance d'une loi nouvelle qui déclarerait son auteur capable de tester ; celui-ci peut parfaitement bien profiter de la nouvelle loi, et faire un autre testament valable ; mais sa persévérance présumable dans les dispositions de l'ancien, ne suffit pas pour valider un testament fait par lui en état d'incapacité légale, et vu par la loi d'un œil de défiance ; le législateur n'a pas cru devoir, sans une manifestation de volonté nouvelle, maintenir les anciennes dispositions. D'ailleurs il ne faut pas supposer, chez le législateur, l'intention d'encourager les particuliers à faire des actes nuls, dans l'espérance qu'ils seront peut-être validés par une loi postérieure.

A l'inverse, lorsqu'au moment de la confection du testament, le testateur avait la capacité nécessaire à son accomplissement, et que plus tard un changement de loi la lui enlève, son testament, quoique valable à l'origine, sera infirmé par cette circonstance. Dans les pays de droit écrit de l'ancienne France, il était permis autrefois de tester à l'âge de douze ans pour les filles, et de quatorze ans pour les garçons. Le Code Napoléon a reculé cet âge, et a fixé pour les deux sexes l'âge de seize ans, en restreignant encore la capacité du mineur, et en ne lui donnant l'exercice de son droit de tester, que jusqu'à concurrence d'une part de ses biens. Ce n'est qu'à la majorité qu'il aura l'exercice plein et entier de ce droit. Supposons que le Code ait été immédiatement substitué au droit romain sur ces matières dans les pays de droit écrit ; dans ce cas, les testaments faits d'après la loi ancienne eussent été nuls pour deux raisons : 1° parce que le législateur trouvant aujourd'hui que l'homme n'a la plénitude de ses forces intellectuelles qu'à l'âge de seize ans, et même plus tard, lorsque seulement il a atteint sa majorité, ne permet pas au mineur de faire un testament complet avant cet âge ; il serait impossible de croire qu'il a eu la pensée de maintenir les testaments faits par des personnes de treize ans, c'est-à-dire par des personnes qui, d'après lui, n'ont pas le discernement qu'il exige aujourd'hui de tout testateur. Il serait inadmissible d'admettre qu'avant la promulgation de la loi nouvelle, le discernement d'un enfant de treize ans fût plus grand qu'il ne l'est depuis cette promulgation, et dès lors de conserver à l'un une puissance qu'on refuse à l'autre. 2° Parce que, d'ailleurs, en appliquant la loi nouvelle, on ne blesse aucun droit acquis chez le mineur. La loi qui lui retire l'exercice du droit de tester est conçue dans une pensée de protection pour l'incapable. Ce dernier n'a pas à se plaindre d'être placé immédiatement sous une loi qui veut le protéger.

Cette considération, qui ne trouve pas à s'appliquer quand l'exercice est perdu par suite d'un changement de fait dans l'état mental du testateur, explique et justifie la différence entre les changements de fait et les changements de droit.

Il n'y a donc aucune analogie à établir ici entre les changements de fait et les changements de droit que nous venons d'apprécier successivement.

Les questions que nous venons de traiter pourront se présenter en Roumanie, par suite de la promulgation du nouveau Code civil. La loi antérieure permettait de tester aussitôt que la vingtième année était entamée. Le nouveau Code, dans son article 807, reproduit les dispositions de la loi française en ce qui concerne la faculté pour les mineurs de tester.

4° *Capacité du légataire*. — La capacité du légataire n'est exigée qu'au moment du décès du testateur; il est tout à fait indifférent, et avec juste raison, de rechercher quelle était sa capacité au moment de la confection du testament. Jusqu'à la mort du testateur, en effet, le légataire ne concourt en quoi que ce soit à la disposition faite à son profit. Sur ce point les législations modernes ne sont pas d'accord avec le droit romain. D'après celui-ci l'héritier institué, ou le légataire, devait être capable à trois époques : à l'époque de la confection du testament, à l'époque de la mort du testateur, ou, si l'institution ou le legs étaient conditionnels, au moment de l'accomplissement de la condition; et enfin, à l'époque de l'adition de l'hérédité. Il fallait de plus que cette capacité eût continué sans interruption entre la mort ou l'accomplissement de la condition, et l'acquisition; l'incapacité survenue pendant cette période faisait passer l'hérédité à un tiers, soit institué en second ordre, soit héritier *ab intestat*, lequel ne pouvait plus en être dessaisi. Ce que le droit romain exigeait de plus que les législations modernes, à savoir, la capacité de l'héritier au moment de la confection du testament, n'est qu'une déviation des principes, et ne s'explique qu'historiquement par la nature primitive du testament romain. Celui-ci était un contrat imaginaire de vente, la *mancipatio familiæ*, dans laquelle toutes les personnes désignées dans le testament étaient représentées par le *familiæ emptor*, et, par conséquent, pour être légalement représentées, devaient avoir la capacité personnelle au moment où ce contrat se passait. Tel est le vrai motif de cette rigueur des Romains; il est tout entier dans une question de formes, et n'a aucun rapport, quoiqu'on l'ait cru, à la règle Catonienne (1). C'est donc avec raison que le Code Napoléon, comme toutes les législations modernes, s'est écarté du droit romain, en ce qui concerne la *capacité* de l'appelé à la succession au moment de la confection du testament : cette exigence, ainsi que nous l'avons prouvé, n'est justifiée par aucun principe. Donc la personne qui, inscrite dans un testament sous une loi qui la déclarait incapable de recueillir, voit la succession testamentaire s'ouvrir sous une loi qui la déclare capable, bénéficiera de ce changement de législation.

Que décider, si une loi, après la mort du testateur, et avant que les légataires aient accepté les diverses dispositions de son testament, chacun en ce qui le con-

______

(1) Savigny, *loc. cit.*, § 393.

cerne, déclare ces derniers incapables de recevoir ? Nous croyons qu'un tel changement de législation ne saurait enlever aux légataires le bénéfice des libéralités du défunt. Selon le droit français, au moment de la mort du testateur, les légataires sont investis d'un droit à la chose léguée, droit de propriété ou de créance, suivant les cas, mais droit acquis de plein droit, même à leur insu. Sans doute, les légataires peuvent répudier la libéralité qui leur est adressée, et, quand ils répudient, ils sont réputés n'avoir jamais eu aucun droit sur la chose léguée. Mais, s'ils sont libres de répudier, ils n'ont pas besoin de manifester leur acceptation pour acquérir. Le système du droit moderne est, sous ce rapport, analogue à celui que les Sabiniens avaient proposé, et qui avait prévalu en droit romain ; à cette seule différence près, que le moment de l'acquisition d'un droit à la chose léguée pour le légataire romain, était presque toujours celui de l'adition d'hérédité par l'institué, tandis qu'il est pour le légataire français, celui de la mort du disposant. Que l'on n'objecte pas que le légataire est le plus souvent tenu de former une demande en délivrance pour jouir de son legs, et que jusque-là, il n'a pas de droit pleinement acquis. Non ; la délivrance est nécessaire au légataire pour qu'il puisse entrer en possession, et exercer les actions contre les tiers ; mais, avant la délivrance, le légataire n'en a pas moins pleinement acquis le droit que le legs peut lui procurer.

Nous avons parlé des legs en général ; la décision doit-elle être la même relativement aux legs conditionnels, si le changement de législation postérieur à la mort du testateur, est antérieur à la réalisation de la condition ? Notre avis est que le légataire doit être encore capable de recueillir le legs au moment où la condition se réalise, et que si une loi récemment promulguée ne lui reconnaît plus cette capacité à cette époque, le legs sera caduc. Nous le décidons ainsi par analogie de la disposition du Code, qui exige que le légataire soit encore vivant lors de la réalisation de la condition, pour qu'il bénéficie du legs. Le législateur s'est conformé, sur ce point, au droit romain, et, selon le droit romain, le droit conditionnel ne faisait acquérir la chose léguée qu'à l'époque de l'arrivée de la condition. Puisque jusqu'à cette époque l'effet du legs n'est pas produit, le législateur reste le maître de changer ses prescriptions et ses défenses; et la validité du legs, la capacité du légataire, doivent s'apprécier d'après la loi en vigueur au moment de la réalisation de la condition.

Nous citerons comme exemple le cas où une loi nouvelle prohiberait les dons et legs entre concubins. Si la loi nouvelle frappait le légataire non-seulement d'incapacité de recueillir à titre de legs, mais encore de mort civile, et ouvrait sa succession, notre solution serait bien plus certaine et découlerait nécessairement de l'article 1040 du Code Napoléon.

CHAPITRE IV

Le sujet de nos études dans ce chapitre est à la fois et
le plus varié, et le plus pratique: rien de plus fréquent;
en effet, que les contrats dans la pratique; les règles que
nous trouvons pour les contrats sont applicables, en général, aux autres causes d'obligations, soit les quasi–contrats, les délits ou les quasi–délits. Les différences à
établir entre ces matières sont des exceptions, que nous
indiquerons ou rechercherons en terminant.

En nous occupant des contrats, nous nous occupons
non–seulement de ce qu'ils renferment expressément,
mais encore de ce que la loi y sous-entend. Nous em-
brassons dans la même théorie les contrats qui sont tout
entiers écrits dans la loi, et que celle-ci admet par une
interprétation de la volonté probable des parties, par
exemple les contrats de mariage, ou mieux les contrats
de communauté légale.

Le principe général en cette matière est celui–ci : la
loi en vigueur au moment où le contrat se forme, règle
toutes les conséquences de ce contrat. Le contrat, en
effet, une fois formé, constitue ou transfère des droits
personnels ou réels dont les parties sont investies, et qui
doivent être respectés. Peu importe, d'ailleurs, que le
contrat n'ait engendré ou transféré que des droits con-

ditionnels ; car la condition, comme nous l'avons dit dans notre partie générale, n'étant qu'une modalité et n'ayant pas d'existence propre, rétroagit au jour où la convention a pris naissance. Nous verrons cependant que notre principe a aussi ses restrictions.

Nous allons diviser ce chapitre en deux paragraphes. Dans le premier nous développerons le principe ci-dessus, en l'examinant sous plusieurs points de vue ; dans le second, nous ferons l'application de nos développements à certaines situations qui prêtent à la controverse.

§ 1.

DÉVELOPPEMENTS.

La loi nouvelle dont nous recherchons l'influence sur les contrats faits antérieurement, et sous l'empire d'une loi différente, peut modifier : 1° les conditions essentielles à l'existence ou à la validité d'un contrat ; 2° la forme ou le mode de preuve qu'il comporte ; 3° les effets de ce contrat ; 4° les moyens d'en réparer les vices, s'il est annulable ; 5° l'extinction des obligations. Recherchons donc successivement quelle est l'influence de sa disposition sur les contrats qui lui sont antérieurs, suivant qu'elle aura l'un ou l'autre des cinq objets ci-dessus.

1° *Conditions essentielles à l'existence et à la validité d'un contrat.* — D'après les législations modernes, le contrat se forme, et existe, lorsque les conditions suivantes viennent à concourir : le consentement des parties contractantes ; une cause licite, et pour objet du contrat une chose certaine et dans le commerce. L'absence de vices dans le consentement, la capacité des parties donnent au contrat une validité pleine et entière. Le contrat une fois formé, les parties acquièrent instantanément le droit d'en exiger l'exécution. La loi qui ne vient qu'après le contrat, le trouve existant et valide ; elle ne peut l'invalider rétroactivement, car, ainsi que nous avons déjà eu l'occasion de le dire, ce serait porter atteinte à la sécurité des parties et au droit qu'elles avaient de contracter à telle époque aux conditions indiquées ; donc la loi nouvelle, si elle modifie pour l'avenir les conditions de formation des contrats, ne peut, sans rétroagir, porter la moindre atteinte aux contrats formés avant elle et sous l'ancienne loi ; à l'inverse, si l'une des conditions exigées pour la formation du contrat manque au contrat dont nous nous occupons, la survenance d'une loi nouvelle qui se contenterait seulement des conditions auxquelles le contrat satisfait, ne s'appliquerait pas davantage à ce contrat, pour lui donner rétroactivement une validité, une existence inattaquables, que ne consacre pas sa loi d'origine : ici notre principe est absolu.

Disons tout de suite qu'il en serait de même dans les cas où la loi nouvelle modifierait les causes de nullité et de rescision du contrat : aussitôt après la formation du contrat, ou l'apparence du contrat, il y a pour les parties ou pour l'une d'elles, suivant les cas, droit irrévocablement acquis à demander la nullité ou la rescision du contrat.

Tout ce que nous avons dit pour la validité ou la nullité intrinsèques du contrat, s'applique aussi à son irrévocabilité ou à sa révocabilité. Le contrat qui emportait ou non une faculté de révocation d'après la loi de son origine, reste soumis à la même règle, nonobstant la survenance d'une loi différente : ainsi, dans l'ancien droit coutumier français, les donations mutuelles, les seules qui fussent permises entre époux, étaient essentiellement irrévocables ; de telles donations, irrévocables dans le principe, ne sont pas devenues révocables par la survenance du Code Napoléon, qui, dans son article 1096, déclare les donations entre époux essentiellement révocables ; il y a pour les parties un droit acquis que la loi nouvelle ne doit pas atteindre. De même, pour le cas inverse, les époux qui, avant le Code, se sont réservé, conformément aux dispositions de la coutume qui les régissait, le droit de modifier leurs conventions matrimoniales, même après la célébration du mariage, conserveront cette faculté sans aucun doute, même sous le Code Napoléon, malgré l'article 1394, parce qu'il y a une espérance forte, une expectative que la volonté des parties avait en vue, et sans laquelle ils eussent pris des dispositions différentes : la loi nouvelle doit donc les respecter (1).

Nous soumettons également à la loi contemporaine du contrat les causes de résolution. Ce nouvel aspect de la question présente ceci de particulier, que, si la nullité ou la rescision dépendent de vices inhérents au contrat, la résolution résulte de faits postérieurs au contrat, et que, d'autre part, si la révocation, comme la résolution, se réalise par suite de faits antérieurs au contrat, la faculté de révoquer est pour la partie qui en jouit un avantage sur lequel elle peut compter ; la résolution

(1) Duvergier, *loc. cit.*, p. 105.

découle de faits accidentels que la partie qui en profite
n'a pas la certitude de voir se réaliser. Néanmoins nous
décidons que la résolubilité du contrat sera régie par la
loi sous l'empire de laquelle le contrat a été formé. Les
parties ont fait leurs combinaisons en vue de cette loi ;
rien n'est plus respectable que les conséquences que les
parties ont pu prendre en considération en pactisant
entre elles, et en fixant par ces conventions leur avenir
autant que cela leur est possible.

2° *Formalités et modes de preuve.* — La question
de forme des conventions est intimement liée à la
question du fond elle-même, dont nous venons de
nous occuper; c'est la forme du contrat qui lui donne
la vie, et le mode de preuve autorisé par la loi pour
établir l'existence du contrat lui est aussi intimement
lié; il fait en quelque sorte partie de lui-même pour lui
conserver l'existence ; car un contrat qui ne pourrait
se prouver n'aurait pas de force juridique. Aussi com-
prend-on que c'est au moment où le contrat se forme,
que les parties s'occupent de la manière d'en prouver
l'existence à toujours, et c'est la loi de l'époque qu'ils
consultent à cette fin. Nous appliquerons donc le même
principe que tout à l'heure. C'est la loi de l'époque du
contrat qui en règle à la fois les formes et le mode de
preuve, pour tout le temps de son existence. En effet,
quant aux formalités exigées soit *ad solemnitatem*, soit
ad probationem, si le contrat a été revêtu, au moment
de sa confection, de toutes les formes que la loi du jour
exigeait soit pour son existence, soit pour sa preuve,
tout est consommé quant à la forme ; c'est un droit ac-

quis, et la loi nouvelle n'a qu'à protéger le contrat et à l'exécuter ; car les parties ont fait tout ce que la loi en vigueur ordonnait ; et non-seulement elles étaient dans l'impossibilité de prévoir ce qu'une loi postérieure pourrait modifier, mais encore elles étaient obligées de se conformer à la loi existante ; car, comme nous l'avons dit ailleurs, les lois sur les formes sont impératives. Au contraire, si les parties ont négligé quelqu'une des formes exigées soit *ad solemnitatem*, soit *ad probationem*, le contrat est nul ; la loi postérieure, quoique moins exigeante, n'aura pour effet ni de le valider, ni de faire admettre une preuve incomplète d'après l'ancienne loi : il y a un droit acquis pour les parties, ou pour l'une d'elles, d'opposer l'inexistence du contrat ou l'insuffisance de la preuve. C'est la règle « *Tempus regit actum* », et elle s'applique dans toute son étendue. Ce que nous venons de dire relativement à la preuve du contrat a été admis dans la loi transitoire de la Hollande, dont l'article 45 est ainsi conçu : « Les « moyens de preuve seront admis ou récusés d'après « les dispositions en vigueur au moment où les droits « et les obligations sont nés. » La règle est la même pour le cas où le contrat est fait sous une condition.

Donnons quelques exemples pour bien éclaircir notre pensée : et d'abord, en ce qui a rapport à la forme exigée *ad solemnitatem*, c'est-à-dire essentielle au contrat : un mariage nul pour défaut de formes d'après la loi nouvelle, mais valable sous ce rapport d'après l'ancienne, sous laquelle il a été célébré, doit évidemmen être maintenu (1) ; et à l'inverse, la donation, d'après le Code Napoléon, doit être faite devant notaire; si une loi nouvelle vient permettre de la faire même par acte sous seing privé, la donation faite sous l'empire de la loi qui exigeait le concours d'un notaire, sans l'observation de cette formalité, ne sera point validée par la promulgation de la loi nouvelle. On pourrait chercher une objection contre notre doctrine dans la loi du 21 juin 1843. Mais les rédacteurs de cette loi, pour arriver à régir le passé en même temps que l'avenir et couvrir la nullité des actes innombrables qui avaient été passés sans la présence réelle du notaire en second, ont donné à leur loi le caractère d'une loi interprétative. Au fond, nous croyons que les dispositions de cette loi renferment une innovation et une immense rétroactivité, mais, en la forme, elles précisent le sens d'un texte ancien considéré comme ambigu. Se décidant à confirmer une longue et universelle pratique, le législateur a préféré ne pas jeter un blâme sur une classe nombreuse d'officiers ministériels. D'ailleurs, eût-il donné ouvertement un effet rétroactif à la loi, il l'eût fait dans les limites de son pouvoir, par des motifs exceptionnels, sans que cela pût tirer à conséquence. Il en est de même pour les formalités exigées *ad probationem*, comme aussi pour le mode de preuve à employer dans l'avenir. Il y avait des coutumes qui n'exigeaient pas, pour les contrats synallagmatiques, que l'acte fût rédigé en double. Donc le porteur de l'original fait sim-

(1) Arrêt de la Cour de cassation du 21 mai 1810, affaire Pastoris.

ple a pu parfaitement bien, même après la promulgation du Code, faire preuve suffisante de sa prétention, malgré les dispositions de l'article 1325, et *vice versâ* (1). Dans les pays de droit écrit, l'*exceptio non numeratæ pecuniæ* était encore en vigueur; celui qui s'était reconnu débiteur, à titre de prêt ou autrement, d'une somme d'argent, avait le droit d'opposer l'exception *non numeratæ pecuniæ*, et de rejeter ainsi sur son adversaire la preuve de la numération des espèces. Ce droit, il le conserve évidemment sous le Code, pour toute dette qui lui est antérieure, et cela malgré l'abrogation par le Code de cette exception spéciale.

Nous renvoyons à notre chapitre sur la procédure, pour tout ce qui nous reste à dire sur le mode de preuve.

3° *Effets des contrats.* — Nous avons annoncé dans notre partie générale que des auteurs très-distingués, tels que Merlin, Blondeau, Meyer et M. Dalloz, s'attachant à la théorie de Bentham, font une distinction entre les effets ou conséquences nécessaires et les suites ou conséquences accidentelles du contrat, et font régir les premières par la loi de l'époque du contrat et les secondes par la loi sous laquelle elles se produisent. Les auteurs qui admettent ce système, tout en étant d'accord sur le point de départ, se divisent lorsqu'il s'agit de préciser quels sont les faits qui entrent dans la première catégorie, et ceux qui doivent faire partie de la seconde; mais ce qu'il y a encore de plus bizarre, c'est que quelques-uns ont successivement caractérisé de

____

(1) Le nouveau Code italien supprime la formalité des doubles originaux pour les conventions synallagmatiques.

deux manières différentes des effets identiques. Ainsi,
M. Blondeau regardait d'abord comme des suites accidentelles du contrat, la garantie en cas d'un fonds social
et les risques de la chose en cas de demeure ; et plus tard,
lorsque Merlin réfute cette opinion, lui aussi la répudie en corrigeant son travail. Nous croyons donc,
quant à nous, qu'on doit se méfier d'une pareille distinction, qui repose sur un sol mouvant et a pu, sur
plusieurs question simportantes, entraîner dans l'erreur
les maîtres de la science. En outre, avec cette distinction
dont il est impossible de bien fixer les limites, on n'aurait aucune garantie contre l'application de la loi nouvelle aux contrats antérieurs, et ce serait porter une
grave atteinte à des contrats que la volonté des parties
veut immuables dans leur existence primitive, et dont
elles doivent avoir pu prévoir et peser à l'avance tous les
effets et tous les résultats. Nous admettrons donc, et nous
le ferons en compagnie de beaucoup d'auteurs (1), qu'il
n'y a aucune distinction à faire, et que tous les effets
du contrat, même les plus éloignés, seront soumis à
la loi du jour où ce contrat a été fait. Les obligations qui
résultent d'un contrat n'ont, en effet, d'autre source que
la volonté expresse ou tacite des parties ; or, celles-ci
n'ont pas pu avoir la volonté de se soumettre à des obligations qu'aucune loi n'attachait au contrat, lors de sa
confection, qu'il leur était impossible de prévoir, et
auxquelles peut-être elles n'auraient pas consenti à se
soumettre, si elles les avaient prévues.

(1) Savigny, MM. Duvergier, Demolombe, Valette.

La distinction que nous venons de combattre est formellement repoussée par les législations de la Prusse et
des Pays-Bas : l'article 11 de l'introduction du Code
prussien et d'autres lois postérieures sur le même sujet
portent que les contrats sont jugés d'après les lois sous
lesquelles ils ont été faits, quand même l'action en exécution, en résiliation, ou en dommages et intérêts,
s'ouvre sous l'empire d'une autre loi; l'article 3 de la
loi transitoire de Hollande, déclare aussi, sans aucune
restriction, que les droits résultant des contrats sont
fixés par les lois en vigueur au moment où les contrats
ont été formés; la même loi nous fournit un autre document; son article 56 est ainsi conçu : « L'action en
« rescision pour cause de lésion, dans une vente qui a
« eu lieu avant l'introduction du nouveau Code civil,
« sera jugée conformément aux lois en vigueur au mo
« ment où la vente a été conclue. »

En thèse générale, nous disons que les effets du contrat,
même les plus éloignés, seront réglés par la loi de l'époque du contrat; mais nous allons faire quelques restrictions : 1° La loi nouvelle doit s'appliquer aux contrats
faits antérieurement, lorsqu'elle ordonne l'accomplissement de certaines formalités pour la conservation et
l'exercice du droit conféré par le contrat; mais ces formalités doivent dépendre de la seule volonté de celui à
qui la loi les impose, et ne pas exiger pour leur accomplissement des sacrifices onéreux; c'est-à-dire, qu'il est
nécessaire que celui qui, faute de les avoir remplies,
perdra le droit qu'il avait, ne puisse imputer cette perte
qu'à sa propre incurie, à une négligence coupable.

Elles ne doivent consister qu'en choses que tout le monde peut faire sans difficulté : par exemple, une inscription hypothécaire, un inventaire.

2° Nous devons encore appliquer la loi nouvelle aux contrats passés sous la loi ancienne, lorsque, s'appuyant sur un motif de morale, elle prononce une peine qui modifie les effets d'un contrat antérieur : par exemple, pour les donations antérieurement faites ; la loi nouvelle qui aggraverait les dispositions touchant la révocation pour cause d'ingratitude, aura tout son effet, pourvu que les faits sur lesquels se fonderait la demande en révocation, fussent, ainsi que cela est de principe en matière pénale, postérieurs à la loi nouvelle. En résumé, c'est la loi en vigueur au moment de la donation qui décide si elle est, ou non, révocable pour cause d'ingratitude. Quand une donation est révocable pour ingratitude d'après sa loi d'origine, un changement de législation qui détermine avec plus de sévérité les faits constitutifs d'ingratitude, sera immédiatement applicable.

Notre opinion exposée, nous devons ajouter un mot encore sur ce sujet, pour examiner certaines situations particulières dans lesquelles nous aurons à donner une règle différente ; ce qui nous rapproche, quant au fond des choses, pour nous éloigner davantage, en la forme, de ceux des auteurs, dont nous parlions tout à l'heure. qui avaient imaginé la distinction entre les différents effets d'un contrat, distinction que nous avons cru devoir rejeter. Ces auteurs rangent les situations diverses dont nous allons nous occuper, parmi les suites éloignées du contrat ; et pour cela ils leur appliquent la loi nouvelle. Nous allons montrer qu'ils ont tort de les considérer comme des suites du contrat, mais avec eux nous leur appliquerons la loi nouvelle. Nous ne traiterons que les plus importantes : 1° la tacite reconduction d'un bail faite sous la loi ancienne ; 2° en cas de dissolution d'une société, les effets du partage et l'obligation de garantie qui en résulte. Tout cela, avons-nous dit, sera réglé par la loi nouvelle, c'est-à-dire par la loi sous l'empire de laquelle la reconduction ou le partage auront lieu. Mais cette application de la loi nouvelle, dans ce cas, n'est nullement contraire à notre principe ; car, dans tous les deux, il ne s'agit point d'un effet du contrat primitif, ni direct, ni éloigné ; il y a un contrat nouveau soumis tout naturellement à la loi nouvelle, conformément à ce que nous avons exposé ; ce contrat n'est point le résultat du contrat fait sous la loi antérieure, mais seulement de certains rapports de fait que l'exécution du premier contrat a créés entre les parties : ce sont ces rapports de fait qui demandaient une règle ; la convention nouvelle les leur donne. On voit donc qu'il n'y a rien là que de très-naturel, et il serait fâcheux d'y trouver prétexte à la distinction que nous avons repoussée à cause des graves dangers qu'elle renferme.

4° *Moyens de réparer les vices d'un contrat annulable.* — Ici notre principe est un peu différent. Lorsqu'il s'agira de déterminer de quelle nature est la nullité dont le contrat est infecté, si elle est relative, si elle est susceptible de s'effacer par une ratification, la loi en vigueur à l'époque de la formation du contrat devra seule, être consultée; mais lorsqu'il s'agira de réparer les vices d'un contrat rescindable, nous n'aurons à considérer que la loi du temps de la ratification. Cette dernière loi régira les formes de la ratification, les garanties dont doit être entourée la manifestation de cette volonté qu'une partie a intérêt à capter, les faits desquels on peut induire une ratification tacite. La ratification ne découle point du contrat primitif, elle constitue un acte distinct; elle a sa source dans la volonté nouvelle de la partie qui abdique le droit de demander la rescision du contrat originairement annulable. Sur ce point Merlin lui-même, qui est opposé à ce système, permet d'appliquer la loi nouvelle; il en donne pour motif que la ratification est une suite et non un effet du contrat.

5° *Extinction des obligations.* — Disons quelques mots de l'extinction des obligations. Le contrat doit s'exécuter comme il a été entendu, dès le principe, qu'il s'exécuterait. Nous nous rapporterons donc à la loi primitive pour régler le payement, pour décider si une exécution par équivalent est admissible, si une dation en payement peut être imposée au créancier, pour déterminer ce qui constitue une faute dans l'exécution, les conditions et les suites d'une mise en demeure, la manière de fixer les dommages et intérêts; mais si une loi nouvelle introduit contre le dol des dispositions plus énergiques pour la réparation ou la répression, elle sera, suivant nous, immédiatement applicable. Des raisons de moralité supérieure placent cette matière dans le domaine du législateur. Les parties ne peuvent pas déroger à la loi à cet égard ; le législateur reste le maître de pourvoir plus efficacement à la protection des intérêts honnêtes contre les fraudes. D'un autre côté, quand une obligation, née pour s'éteindre, trouve son extinction dans un fait entièrement nouveau, une novation, une remise, une compensation, ce fait nouveau est régi, dans ses conditions d'existence et dans son efficacité, par la loi sous l'empire de laquelle il s'accomplit.

§ 2.

APPLICATIONS SPÉCIALES.

1° *Contrats de mariage.* — Ces contrats, qui règlent les intérêts pécuniaires des époux, donnent naissance à des droits très-importants et féconds en conséquences. La loi supplée à leur absence; elle détermine un contrat qu'on appelle *de droit commun*, et qu'elle établit pour tous ceux qui négligent d'en choisir et d'en formuler un expressément. On pourrait dire que, dans ces circonstances, ce n'est plus un contrat, mais bien la loi elle-même qui règle les intérêts pécuniaires des époux, en attribuant à tous ceux qui se marient sans contrat le régime de la communauté légale. Ce serait une erreur; la loi n'impose pas ici sa volonté, elle interprète le silence des parties , et ne peut se tromper, puisque celles-ci savent à l'avance l'interprétation qui sera donnée à leur silence : c'est encore un contrat réel, quoique tacite, qui règle les intérêts des époux. Nous n'aurons donc pas à distinguer entre ces deux situations dans l'examen que nous allons en faire au point de vue des lois qui leur sont applicables. Ces contrats, comme tous les autres, sont soumis en règle générale à la loi sous l'empire de laquelle ils sont passés (1). Toutefois cette règle souffre une exception, et son application présente quelques points difficiles que nous allons bientôt passer en revue.

Et d'abord, quant à l'exception que nous devons y faire, nous avons dit dans le paragraphe 2 du premier chapitre de notre partie spéciale, que la capacité de la femme et la puissance maritale sont toujours régies par la loi nouvelle. La loi qui règle ces objets est une loi de protection et d'utilité publique, et nous avons déjà dit pourquoi les lois de cette nature reçoivent une application générale et immédiate. Nous avons donné à cette pensée les développements suffisants en parlant de la puissance maritale; nous croyons inutile d'y revenir en cet instant; il nous suffit de dire que, quant à ces deux objets, la loi nouvelle devra toujours être appliquée.

S'agit-il, au contraire, de la forme probante du contrat, de la détermination de la nature des biens, au point de vue de leur entrée en communauté, ou du caractère de propres qui doit leur être attribué, de l'immutabilité ou de la mutabilité des conventions matrimoniales, du douaire, des gains de survie, etc., notre règle s'applique; c'est la loi de l'époque du contrat qui devra s'appliquer. Tous ces points une fois réglés par les époux, il en résulte pour eux des droits acquis

_____

(1) Merlin, *Rép.*, v° Effet rétroactif, sect. III, art. 3, n°s 1, 2 et 3.

auxquels la loi nouvelle ne peut porter aucune atteinte.

Pas de difficulté encore pour le cas où la loi nouvelle vient à introduire un nouveau régime de mariage, ou à abroger un de ceux qui existaient auparavant ; elle ne saurait exercer aucune influence sur les mariages déjà célébrés : les époux ne pourront s'en prévaloir pour changer le régime qu'ils ont une fois adopté, si, d'ailleurs, la loi en vigueur au moment de leur contrat prohibait tout changement après le mariage aux conventions intervenues. Cela peut avoir une certaine importance pour la Roumanie : car, sous son ancienne législation, il n'y avait qu'un seul régime reconnu par la loi, le régime dotal ; et d'autre part la loi prohibait toute modification du contrat, le mariage une fois célébré ; le nouveau Code civil a introduit la communauté d'acquêts, mais les époux mariés sous l'ancienne législation ne pourront en profiter pour modifier leur régime de mariage.

De même, il n'y a pas de difficulté pour les biens qui tombent dans la communauté ; nous avons admis, en traitant des droits réels, que c'est la loi de l'époque du contrat qui doit déterminer à toujours la nature des biens dont le contrat s'occupe, pour les soumettre aux conditions diverses qu'il établit. Peu importe donc les changements qu'une loi nouvelle viendrait apporter aux classifications anciennes : tout ce qui eût été meuble sous la loi du contrat subira le sort fait aux meubles dans le contrat, et tout ce qui eût été immeuble d'après cette même loi, alors même que la loi actuelle viendrait à le classer parmi les meubles, n'en sera pas moins uniquement soumis aux règles établies par l'ancienne loi, et par le contrat pour fixer le sort des immeubles. La question s'est présentée lors de la promulgation du Code Napoléon, à propos des rentes foncières que l'ancienne législation déclarait immeubles, et qui, sous le Code, sont classées parmi les meubles.

Après quelques hésitations, les jurisconsultes ont cependant fini par admettre que les donations mutuelles, faites entre époux dans un même acte, sous une législation qui le permettait, continueront d'être valables, même après la promulgation du Code, qui, dans son article 1097, les prohibe; cette prohibition n'atteint pas la capacité des époux; elle n'a trait qu'au mode ou à la forme extérieure de l'acte, et nous savons que c'est la loi de l'époque qui doit toujours la déterminer.

Citons encore l'opinion constante de la jurisprudence, sur deux points pour lesquels on pourrait hésiter un instant à appliquer notre principe.

1° Les donations faites en faveur du mariage, sous une loi qui admettait l'ingratitude comme cause de révocation, peuvent être révoquées même sous le Code qui a supprimé pour ces donations cette cause de révocation, et cela même dans le cas où les faits ont eu lieu sous l'empire de la loi nouvelle.

2° Les gains de survie stipulés sous une loi qui permettait leur révocation contre celui des époux qui, par sa conduite, a donné lieu à la séparation de corps, peuvent être révoqués, même dans le cas où la mauvaise conduite de l'époux a eu lieu sous une législation qui ne reconnaît plus à la séparation cet effet de révocation. Dans les deux cas, il y a au moins une forte expectative qui résulte de l'intention ou de la volonté formelle des parties, et on peut exiger que le tout soit réglé par la loi ancienne, c'est-à-dire par la loi sous l'empire de laquelle le mariage a eu lieu.

2° *Examen de quelques questions controversées que font naître différents contrats.* — L'appréciation du principe de la non-rétroactivité des lois a donné lieu souvent à de longs débats. Dans les quelques questions spéciales qui les ont soulevés, nous indiquerons, en même temps que notre opinion, la solution la plus accréditée, celle qui a prévalu dans la doctrine. Et d'abord supposons une location faite sous une législation qui permettait à l'acquéreur de l'immeuble affermé d'expulser le preneur, ce qui avait lieu en droit romain, et même en France, avant la promulgation du Code, ce qui se passe encore aujourd'hui en Grèce, où le droit Romain en grande partie est en vigueur; l'immeuble ainsi affermé est vendu après la promulgation d'une loi qui, comme le Code Napoléon dans son article 1743, donne au preneur le droit d'opposer son bail à l'acquéreur et de se faire maintenir dans la jouissance des lieux à lui loués. Le preneur profitera-t-il de la loi nouvelle? On a soutenu l'affirmative, en se fondant sur ce que l'acheteur ne peut avoir d'autres droits que ceux que lui confère le Code Napoléon, puisque c'est la loi sous l'empire de laquelle il a contracté; et ici, dit-on, il ne s'agit pas du droit du bailleur, mais de celui de l'acquéreur; et celui-ci, ayant contracté sous l'empire du Code, doit subir l'application de l'article 1743, comme de toutes les autres dispositions de ce Code; donc il sera tenu de respecter les baux ayant date certaine antérieure au contrat (1). Quant à nous, nous croyons avec la presque unanimité des auteurs qui ont traité cette matière, que nos principes nous obligent à admettre la négative. Pour répondre à l'objection que nous venons de formuler ci-dessus, nous dirons que la loi accorde à l'acheteur de l'immeuble la jouissance absolue et exclusive de la chose, de manière qu'il peut éloigner toute personne qui porte obstacle à l'exercice de son droit, à moins que celui qui lui résiste ne soit investi d'un droit supérieur antérieurement acquis, et devant lequel celui de l'acheteur doive fléchir. Or, lors du bail, le preneur, d'après la loi en vigueur, n'a pu acquérir le droit, ni entrevoir et légitimement espérer la possibilité de se faire maintenir à l'encontre d'un acquéreur. Ajoutons surtout que le bailleur a un droit acquis à retrouver sa propriété libre d'une pareille servitude. Il a un immense intérêt à l'offrir, ainsi débarrassée de toute servitude, à l'acheteur qui l'estimera à un chiffre beaucoup plus élevé. Le preneur n'a qu'une action personnelle contre le bailleur en exécution du contrat, ou plutôt en dommages-intérêts, pour inexécution de ce contrat, si même la loi sous laquelle il a eu lieu lui accorde cette action (2).

De même, si la situation inverse se produit, par

(1) Arrêt de la Cour de Dijon du 29 prairial an XIII.
(2) Proudhon, p. 64 ; Merlin, *loc. cit.*, sect. III, § 3, n° 3, 6 ; Duvergier, *loc. cit* , p. 113.

exemple, si dans un pays qui était régi par le Code Napoléon, on introduisait la législation romaine, ce qui se présente pour les îles Ioniennes, celui qui a passé un bail sous la législation ancienne, qui lui permettait d'opposer son bail à l'acquéreur de l'immeuble, peut parfaitement bien encore sous la législation qui modifie cette disposition, opposer son bail à l'acquéreur, et continuer à en jouir conformément à la loi ancienne; il avait dès l'origine de son contrat un droit acquis à être maintenu dans la jouissance de biens à lui loués, nonobstant toutes aliénations et mutations de propriété.

Passons à une autre question qui a divisé la doctrine et la jurisprudence : celle de savoir si une rente constituée avant le Code Napoléon, devient exigible quant au capital, conformément à l'article 1912, lorsque, depuis le Code, le débiteur a cessé de payer des arrérages pendant deux ans? On a soutenu que la rente, dans ce cas, devient exigible, et qu'on doit appliquer l'article 1912 du Code Napoléon, en se fondant sur ce qu'il s'agit ici d'un fait volontaire imputable au débiteur qui pouvait le prévenir; on ajoute, de plus, que ce n'est là qu'un mode d'exécution, qui, conformément aux principes de la matière, est déterminé par la loi nouvelle, même pour les actes antérieurs; enfin, dit-on encore, la loi nouvelle a pour but d'infliger ici une peine pour le maintien de ses dispositions, et le fait de nonpayement d'arrérages s'étant passé sous l'empire de cette loi, il a fait encourir l'application de la peine portée contre lui. Quoique cette opinion ait pour elle l'autorité de la Cour de cassation (1) et de Merlin (2), nous aimons mieux, quant à nous, nous ranger à l'opinion contraire, qui trouve que ce serait aller à la fois contre les principes et l'équité, que d'obliger le débiteur à rembourser le capital sans lui donner un délai pour payer les arrérages qu'il doit et de lui refuser tout moyen de libération. Une pareille résolution ne peut être admise qu'autant qu'elle a été prévue par le contrat de rente lui-même, pour l'interprétation duquel nous devons nous référer à la loi sous laquelle il a eu lieu; c'est cette loi qui nous dira sa portée, et les conséquences légales qu'elle lui attribuait : les parties en effet ne pouvaient connaître, ni même prévoir l'article 1912 qu'on voudrait leur appliquer : ce serait ajouter au contrat, et nous savons que la loi nouvelle ne peut rien changer à l'effet des conventions qui lui sont antérieures.

On prétend que les dispositions de l'article 1912 sont des conditions à remplir par le débiteur, qu'il dépend de sa seule volonté de les remplir fidèlement, et que, s'il ne s'y soumet pas, il n'y a rien d'exagéré à l'en punir par la résolution d'un contrat qu'il n'exécute pas. Impossible, croyons-nous, de trouver un raisonnement plus faible; l'article 1912 édicte des conditions que la loi ancienne et le contrat ne contenaient pas; n'est-ce pas dire qu'il ajoute au contrat, et nous venons de rappeler que cela n'est pas possible; il faut donc reconnaître qu'une semblable raison ne saurait légitimer

_____

(1) Cassation, 25 novembre 1839. Car. et Devillen., 1840, t. I, p. 252.
(2) *Loc. cit.*, sect. III, art. 3, n° 11.

l'application de l'article 1992. En outre, c'est à tort qu'on prétend qu'il dépend de la seule volonté du débiteur de ne pas encourir l'application de l'article 1912; car, au fond, il s'agit de payer avec de l'argent, et, pour avoir de l'argent, il ne suffit pas d'en désirer ou d'en vouloir.

On ajoute que la loi nouvelle peut régler le mode d'exécution des contrats antérieurs : nous ne contestons pas ce principe, en ce sens que la procédure à suivre pour contraindre à l'exécution est régie par la loi actuelle, sans qu'il y ait lieu de remonter à la loi contemporaine du contrat. Mais nous ferons remarquer qu'en appliquant l'article 1912, on ne règle pas le mode d'exécution forcée du contrat; on soumet à une condition résolutoire expresse un contrat pur et simple; ce qui est inadmissible même pour nos adversaires; ce n'est pas régler dans ce cas le mode d'exécution des contrats, mais bien en modifier la substance; ce ne sont pas les formalités de la résolution qui sont en discussion, comme le dit justement Marcadé (1), mais bien ses causes elles-mêmes, lesquelles ne peuvent exister que suivant l'intention qu'ont eue les parties en contractant.

Il ne s'agit, en effet, ici, que d'une pure question d'interprétation d'un contrat privé. Les parties qui traitent sous le Code Napoléon sont censées se référer à l'article 1912 et l'adopter, et c'est la seule raison pour laquelle il est obligatoire pour les contrats passés depuis

____

(1) Tom. I, p. 42.

le Code Napoléon. Or, il est certain que les parties qui
ont traité sous l'ancienne législation n'ont pas voulu se
soumettre à cet article qu'elles ne connaissaient pas ; il
ne saurait donc leur être appliqué. Cela est si vrai, dit
M. Demolombe, celui des jurisconsultes modernes qui
a réfuté avec le plus d'énergie le système contraire, que
ceux-là mêmes qui suivent l'opinion contraire reconnaissent que les dispositions de l'article 1912 ne seraient pas applicables si, dans le contrat, se trouvaient
insérées des stipulations expresses sur les conséquences
du défaut de payement des arrérages. Eh bien, de telles
stipulations sont censées écrites au contrat, par cela seul
qu'il a eu lieu sous une loi qui n'attribuait pas au défaut de payement des arrérages, pendant deux années,
l'effet de rendre le capital exigible ; et nous le savons,
les stipulations tacites et virtuelles que contient un
contrat, ont la même force et les mêmes effets que les
stipulations expresses : l'article 1135 du Code Napoléon le déclare très-clairement dans les termes suivants :
« Les conventions obligent non-seulement à ce qui est
« exprimé, mais encore à toutes les suites que l'équité,
« l'usage ou la loi donnent à l'obligation d'après sa na-
« ture. » Il faut donc reconnaître que l'article 1912 est
inapplicable ici.

Terminons cette étude par l'examen de la question de savoir si la caution qui s'est obligée avant le Code Napoléon,
sous une législation qui ne lui accordait pas l'avantage de la subrogation de plein droit, lorsqu'elle avait
payé, et qui a payé pour le débiteur principal, après la
promulgation du Code, a le droit de se dire, conformé-

ment à l'article 2029, subrogée de plein droit aux hypothèques du créancier. Dans une première opinion qui a pour elle un arrêt de la Cour de cassation du 17 septembre 1808, et à laquelle se range M. Duvergier (1), on soutient que la caution n'est pas subrogée de plein droit ; et cela parce que, au moment du contrat, la caution n'a pas eu la moindre espérance de subrogation.

Dans une seconde opinion qui nous paraît mieux fondée, on admet que la caution bénéficie des dispositions de la loi nouvelle. Nous ne faisons par là, en effet. qu'appliquer notre principe, en vertu duquel la loi nouvelle, toujours supposée préférable à l'ancienne, doit recevoir la plus large et la plus prompte application, toutes les fois que cela n'entraîne aucun inconvénient. Or, dans ce cas, le débiteur, qui est la seule personne ayant intérêt à ce que la caution ne soit pas subrogée au créancier qu'elle paye, n'a jamais dû compter que celle-ci oublierait de se procurer cette subrogation alors que, dans l'ancienne législation, il lui suffisait de la requérir au moment du payement, pour l'obtenir à l'instant. On n'enlève donc au débiteur aucun droit acquis, aucune expectative sérieuse ; la loi nouvelle doit donc s'appliquer. On peut dire en outre, ici, que l'article 2029 ne contient qu'une disposition de procédure, il règle la forme de cette demande de subrogation ; autrefois cette demande devait être expresse ; aujourd'hui elle sera sous-entendue, et résultera du payement : or,

(1) *Loc. cit.*, p. 115.

les lois de procédure ne sont pas soumises à notre principe de non-rétroactivité ; elles sont obligatoires du jour
de leur promulgation, et s'appliquent immédiatement à
tous les actes dont elles règlent les formes ; donc la
caution qui s'est obligée par un acte antérieur au Code,
et qui paye le créancier sous l'empire de ce Code, se
trouve subrogée de plein droit à toutes les actions et
dans tous les priviléges du créancier contre le débiteur (1).

(1) Merlin, *loc. cit.*, sect. III, § 3, art. 3, n° 10 ; M. Valette sur
Proudhon, t. I, p. 76.

APPENDICE

Donations entre-vifs. — La donation est un acte par lequel le donateur se dépouille actuellement et irrévocablement de la chose donnée en faveur du donataire qui l'accepte. Par cette définition même que l'article 894 nous donne, on voit que la donation est un des contrats les plus graves, et qu'une fois accompli, tout est consommé. Le principe que nous avons posé pour les contrats en général s'applique donc ici mieux qu'à toute autre matière. La question de non-rétroactivité se présente à propos des donations sous quatre points de vue différents, comme à propos des testaments : 1° quant à la forme de la donation ; 2° quant à la capacité du donateur ; 3° quant à la capacité du donataire ; 4° quant à la quotité des biens disponibles.

Les trois premiers points ne font naître aucune difficulté sérieuse. Tout le monde est d'accord que la forme de la donation, la capacité du donateur et celle du donataire, sont déterminées par la loi du jour où la donation a été faite, et que la donation, une fois réalisée dans la forme voulue par la loi, et entre parties réciproquement capables, n'aura jamais à souffrir des exigences nouvelles d'une loi postérieure, qui viendrait modifier la forme des donations, ou exiger des parties de nouvelles conditions de capacité; cela découle des principes que nous avons déjà exposés bien des fois : aussi croyons-nous superflu de les exposer à nouveau et de leur donner d'autres développements. Il n'en est pas de même du quatrième point; une grande divergence d'opinions s'est manifestée entre les auteurs qui se sont occupés de la matière.

Trois opinions sont soutenues, les unes et les autres par d'éminents jurisconsultes. Nous allons les examiner successivement :

PREMIÈRE OPINION. — Ses partisans assimilent les donations entre-vifs aux legs au point de vue de la quotité disponible, et ils leur appliquent, en cas de changement de législation, la loi qui se trouve en vigueur au moment de la mort du donateur ; c'est-à-dire que, pour le cas où les donations ont entamé la réserve, ils les réduisent d'après les dispositions de la loi en vigueur au moment de l'ouverture de la succession. D'après eux, 1° le droit du donataire, quoiqu'étant un droit irrévocablement acquis, est soumis cependant à une condition : il doit respecter la réserve et subir une réduction pour le cas où, lors du décès du donateur, et eu égard à la valeur de ses biens et à la qualité de ses héritiers, la donation excéderait la quotité disponible. Personne ne conteste que ce ne soit bien au moment du décès qu'on estime les biens du *de cujus*, pour savoir si la donation par lui faite est excessive; c'est à cette même époque qu'il convient de déterminer la quotité disponible, et il n'y a pas plus d'étrangeté à voir le droit du donataire soumis aux variations de la loi qui détermine la quotité disponible, qu'il n'y en a à la soumettre, comme tout le monde le fait, aux variations parfois considérables de la valeur de ces biens; enfin 2° obliger le légitimaire, ainsi que le dit Levasseur (1), à remonter à la date de la donation ou de l'institution, pour avoir la mesure de ses droits dans la succession paternelle, n'est-ce pas, contrairement aux lois, autoriser une sorte de pacte sur la succession d'un homme vivant?

Deuxième opinion. — D'après cette opinion, la quotité disponible sera toujours déterminée par les dispositions de la loi sous laquelle la donation a été faite, sans qu'on ait à s'inquiéter si la législation survenue depuis, et sous laquelle le donateur est décédé, restreint ou augmente la quotité disponible; la donation est un contrat irrévocable, définitif et immédiatement consommé. Ce n'est pas, dit cette opinion, à une époque postérieure qu'il faut se reporter pour en apprécier la validité; la donation n'est régulière et valable que jusqu'à concurrence de la somme dont il était permis au donateur de disposer au moment où il l'a réalisée (2).

Troisième opinion. — Ce dernier système, plus généralement admis, et en doctrine, et en jurisprudence, fait une distinction : si la loi nouvelle diminue la quotité disponible, on se réfère à la loi ancienne et on détermine la quotité disponible d'après les dispositions de la loi sous laquelle la donation a eu lieu; si au contraire elle augmente cette quotité, alors on fait béné-

____

(1) *Portion disponible*, p. 193 et suiv.
(2) Chabot, ouvr. cit., Donation, § 3. — Meyer, ouvr. cit., p. 72; Marcadé, t. I, p. 44.

ficier le donataire de cette disposition nouvelle. La raison de cette distinction ne peut apparaître que par une suite de raisonnements que nous allons exposer en réfutant les systèmes qui ne l'admettent pas.

La donation, aussitôt après l'acceptation du donataire, est parfaite et irrévocable ; elle fait passer la propriété des objets donnés au donataire ; aussi le sort de ces donations est-il fixé irrévocablement avant l'apparition de la loi nouvelle, et celle-ci ne peut avoir d'influence pour en restreindre la portée ; il y a droit acquis, et, en voulant appliquer la loi nouvelle pour régler la donation, on ne ferait que porter atteinte au grand principe de la non-rétroactivité des lois.

Mais le premier système oppose à ce raisonnement la condition résolutoire, à laquelle il dit que la donation reste soumise : nous lui répondrons qu'il ne peut y avoir de condition résolutoire ignorée des parties qui doivent la subir : il est indispensable qu'une pareille condition soit déterminée au moment du contrat. Or, lorsque la donation a eu lieu, on ne pouvait prévoir et sous-entendre une condition résolutoire, une chance de restriction de la donation autre que celle prévue et indiquée par la loi en vigueur ; ce sont les dispositions de cette loi que le donataire a consultées avant d'accepter la donation : il ne pouvait penser à des restrictions introduites par une loi dont il n'avait aucun moyen de prévoir les dispositions. C'est donc la loi du contrat qui doit fixer les bases de toutes les conditions résolutoires que peut contenir ce contrat.

La même opinion invoque la prohibition portée par

la loi contre les pactes qui auraient pour objet des successions futures; elle nous accuse d'en autoriser un en permettant au donataire de calculer, au moment de la donation, la quotité disponible dans les biens du donateur, quotité fixée par l'étendue même des droits des héritiers réservataires. Cette objection n'est pas sérieuse; la vérité est que la loi non-seulement autorise, mais exige ce calcul de la quotité disponible dans l'intérêt d'héritiers auxquels elle attribue d'office des droits assurés et supérieurs à toute disposition de l'homme, et que, par conséquent, à ce point de vue, il importe peu qu'on le fasse au moment de la donation ou au moment de la mort. C'est la volonté du législateur qui s'exécute et non la convention des parties. Et si la loi en vigueur au moment de la donation conserve après son abrogation quelque application, c'est parce que nous supposons que le législateur n'a pas voulu, en changeant sa loi, détruire les attentes formées sous l'empire de la loi ancienne, et non parce que les parties seraient convenues de s'en rapporter à toute époque à cette loi.

Enfin, M. Demolombe nous fournit un argument péremptoire; il suppose qu'à l'époque de la donation, il n'existait aucune loi qui restreignît, quant à la quotité des biens, la faculté de disposer, et créât des héritiers à réserve. Une loi postérieure établit une réserve, et il se demande alors qui oserait soutenir que cette loi nouvelle pourrait atteindre la donation qui lui est antérieure : personne, répond-il, et nous le croyons avec lui : or, notre hypothèse est la même, nous devons donc donner la même solution.

Mais nous avons dit que si, au contraire, la loi nouvelle a augmenté la quotité disponible, ou si elle a
supprimé toute réserve, nous appliquerons alors la loi
nouvelle, en faisant ainsi profiter le donataire, si la
donation qu'il avait reçue entamait la réserve telle
qu'elle était constituée d'après la loi sous laquelle la
donation a été faite : d'après les principes que nous
avons posés dans notre partie générale, nous savons
qu'à une loi nouvelle nous ne devons opposer que le
plus petit nombre de barrières possible ; cette loi, en
effet, est réputée meilleure que celle qu'elle remplace :
nous devons donc faire en sorte que chacun en profite,
et cela peut avoir lieu sans blesser les droits acquis à
des tiers. Or, dans notre espèce, dès l'instant de la donation, le donataire est devenu propriétaire des biens
donnés, sous cette condition résolutoire qu'il serait
soumis à la réduction, si, à l'époque du décès, il se
trouvait des héritiers ayant qualité pour la demander. Or, si, d'après la loi en vigueur au moment de la
mort du donateur, il n'y a pas d'héritier à réserve, ou
s'il n'y en a que pour une certaine quotité de biens,
la condition résolutoire est défaillie, et le donataire reste
propriétaire. Examinons maintenant si, à cet égard, les
héritiers réservataires ont un droit acquis que l'application de la loi nouvelle puisse blesser. Tout le monde
admet que les héritiers, quels qu'ils soient, n'ont aucun droit avant l'ouverture de la succession ; à peine
ont-ils de très-faibles expectatives, et la loi nouvelle
peut parfaitement bien les détruire sans qu'il leur soit
permis de se plaindre et de l'accuser de rétroactivité :

c'est cette loi même qui d'ailleurs les appelle à la succession, et ils n'ont d'autres droits que ceux qu'elle leur confère. Quant au donateur, on ne saurait dire non plus qu'il a stipulé tacitement une certaine réserve dans l'intérêt de ses parents. Il n'y a donc personne qui puisse invoquer un droit acquis et repousser ainsi l'application de la loi nouvelle (1).

Dans un cas cependant, on peut s'opposer à l'application de la loi nouvelle; c'est lorsqu'il résulte des termes de la disposition et des circonstances qui l'entourent, que la volonté du testateur était de ne dépasser, en aucun cas, par la donation qu'il a faite, la quotité disponible fixée par la loi en vigueur au moment où il disposait. Mais alors on attaque la donation, non pas en vertu de la loi ancienne, mais bien en vertu de la donation elle-même; ce n'est là qu'une interprétation de la volonté du donateur; volonté toujours souveraine, et qui donne la mesure et la loi du contrat.

Tout ce que nous avons dit jusqu'à présent pour les donations entre-vifs, s'applique pareillement aux institutions contractuelles; car elles aussi sont irrévocables, quoiqu'elles n'aient d'effet que par la survie du donataire au donateur. La même décision sera par nous adoptée pour les donations de biens présents entre époux. Suivant nous, sauf la révocabilité, de telles donations sont régies comme des donations entre-vifs ordinaires. On devra au contraire appliquer la loi nouvelle

____

(1) MM. Valette, ouvr. cit., t. I, p. 59; Demolombe, t. I, p. 61 et suiv.; Duverger, à son cours. Cass., 2 juin 1835.

aux donations de biens à venir faites entre époux pendant le mariage. Elles sont de tout point comparables à des legs, qui ne produisent d'effet qu'à la mort du donateur.

TROISIÈME PARTIE

APPLICATION DES PRINCIPES GÉNÉRAUX

CHAPITRE PREMIER

DROIT PÉNAL.

La loi morale a ses principes écrits dans le cœur de
tous les hommes; et un grand nombre des règles
qu'elle nous impose n'ont d'autre sanction ici-bas que les
reproches de la conscience et la peine des remords; mais
il en est d'autres pour lesquelles les peuples ont créé
une contrainte extérieure, ou du moins établi une sanction : l'ensemble de ces moyens de contrainte adoptés
par la loi, et des sanctions mises par elle à l'observation
de certains préceptes de la morale, voilà ce qui compose
le Code pénal. Ce Code, avec les lois qui le complètent,
contient donc toutes les nuances de pénalité que la société a jugé à propos de porter contre les perturbateurs
de l'ordre, contre les violateurs de la loi morale. Nous
n'avons pas à établir ici le droit qui appartient à la société de porter ces menaces et de les appliquer à
ceux qui les encourent; ce droit ne saurait d'ailleurs
être sérieusement contesté, mais il est soumis à un

certain nombre de règles qui, toutes, dérivent de son
principe, et dont nous serons amenés à citer quelques-
unes dans l'examen que nous devons faire de l'influence de la promulgation d'une loi nouvelle sur les
faits qui lui sont antérieurs. Nous diviserons cette étude
en plusieurs paragraphes. Dans un premier nous cher-
cherons à déterminer la peine qui doit être appliquée en
cas de conflit de deux lois qui en édictent de différente
nature ou de différente intensité. Dans un second paragraphe nous dirons quelle est l'influence d'un changement de législation portant sur le mode d'exécution
d'une peine déjà admise et édictée, contre certains faits,
par la loi ancienne. Dans un troisième paragraphe
nous nous occuperons de l'influence qu'une loi nouvelle
peut exercer sur une condamnation déjà portée. Enfin
dans un quatrième paragraphe nous dirons quel devra
être l'effet d'une loi nouvelle sur la prescription en
cette matière.

§ 1.

DE LA PEINE.

Nous examinerons ici : 1° le cas d'une loi créant un
délit ou un crime nouveau, c'est-à-dire d'une loi pu-
nissant un fait non encore puni par la loi pénale ; 2° le
cas du conflit de deux ou plusieurs lois pour le même
délit ; 3° comment on doit comparer les peines entre
elles pour déterminer les plus douces.

1° *La loi crée un délit nouveau.* — Nous disions tout
à l'heure qu'on ne saurait contester à la société le droit

de punir certaines infractions par elle déterminées à la loi morale; mais s'il est évident qu'un droit existe, il ne l'est pas moins non plus que ce serait l'exagérer d'une manière dangereuse et profondément irritante, que de permettre qu'on appliquât à un fait quelconque une peine qui n'a été déterminée qu'après sa perpétration. Son auteur, qui n'a pas été prévenu de la répression que la société entend infliger désormais à un fait de ce genre, aurait toujours le droit de dire qu'il ne l'aurait pas commis, s'il avait eu connaissance de la peine à laquelle il s'exposait. C'est, d'ailleurs, un principe incontestable, proclamé dans tous les pays, et la garantie nécessaire de la liberté des citoyens, que tout ce qui n'est pas défendu par la loi demeure permis à ses yeux, et ne saurait à tout le moins attirer à son auteur un châtiment quelconque.

L'article 4 du Code pénal français actuel a formulé ce principe de la façon la plus expresse dans les termes suivants : « Nulle contravention, nul délit, nul crime « ne peuvent être punis de peines qui n'étaient pas « prononcées par la loi avant qu'ils fussent commis. » Ce texte avait d'ailleurs un précédent dont il n'est qu'un reflet atténué; la Constitution du 24 juin 1793, art. 14 de la Déclaration des droits de l'homme et du citoyen, s'exprimait ainsi : « Nul ne peut être jugé et puni, qu'a- « près avoir été entendu, ou légalement appelé, et qu'en « vertu d'une loi promulguée antérieurement au délit. « La loi qui punirait les délits commis avant qu'elle « existât, serait une tyrannie; l'effet rétroactif donné à « la loi serait un crime. » On reconnaît le style d'une époque d'effervescence et d'enthousiasme. Le pouvoir

constituant traçait des limites au pouvoir législatif ; les
citoyens étaient autorisés à désobéir à une loi rétroactive
en matière pénale. Le principe n'a plus aujourd'hui ce
caractère ; il s'adresse au juge et dirige l'interprétation
d'une loi muette. Le législateur conserve une liberté
dont il n'usera d'ailleurs presque jamais. Restreint dans
ces termes, le principe subsiste, il ne soulève plus
même la discussion ; il a passé à l'état d'axiome. Aucun
doute ne s'est élevé sur son application, et la jurisprudence de la Cour de cassation n'a jamais hésité dans
l'interprétation qui devait lui être donnée.

La disposition de l'article 4 du Code pénal français
se retrouve en termes identiques dans le Code pénal
prussien de 1851, § 2, et dans le Code pénal italien
de 1859, art. 3 : « Nulle infraction ne peut être
« punie de peines qui n'étaient pas prononcées par la
« loi avant que l'infraction ne fût commise. »

2° *Conflit de plusieurs peines pour le même délit.* — Le
principe que nous venons d'exposer nous dicte la solution que nous devons adopter, dans le cas où une loi
nouvelle prononce une peine plus grave contre un fait
déjà réprimé par la loi antérieure, mais moins sévère-
ment. Le délit commis sous l'empire de la loi ancienne
sera puni à toute époque, conformément à cette loi...
La loi pour la mise à exécution du Code pénal prussien,
qui tire expressément cette déduction du principe,
ajoute : « En cas de doute sur le point de savoir si l'ac-
« tion a été commise avant la mise en vigueur de la
« loi nouvelle, les juges appliqueront la peine la plus
« douce. »

Que décider, si le changement a lieu en sens inverse et si la pénalité est rendue plus douce? Un sentiment d'humanité autant que de justice nous fait adopter une décision qui est, mais en apparence seulement, opposée au principe que nous avons suivi jusqu'à présent. Si, depuis le fait délictueux, mais avant la condamnation, une loi nouvelle est venue substituer à la pénalité ancienne une pénalité plus douce, c'est cette dernière, et non pas celle sous l'empire de laquelle le fait a été commis, qui sera appliquée au coupable. Si la loi nouvelle supprimait complétement la pénalité, l'auteur du fait autrefois condamnable n'en devrait pas moins être absous : le législateur, en effet, a reconnu que la pénalité ancienne était trop sévère ou inutile ; il l'a adoucie ou supprimée ; ce serait faire injure à sa disposition nouvelle et manquer au sentiment de l'équité et de l'humanité, que d'appliquer encore une telle peine proclamée trop sévère, ou reconnue inutile. Cela est conforme au principe supérieur qui domine notre matière ; la loi nouvelle, réputée meilleure que l'ancienne, doit recevoir une exécution immédiate, à moins qu'elle ne rencontre un intérêt sérieux à respecter. Or, ici, tous les intérêts engagés dans la question, l'intérêt de la société et l'intérêt du coupable, réclament l'application de la loi nouvelle. Le Code pénal de 1791 est le premier qui ait émis cette décision ; il s'exprimait ainsi dans son article dernier : « Pour tout fait antérieur à la publica-« tion du présent Code, si le fait est qualifié crime par « les lois actuellement existantes, et qu'il ne le soit pas « par le présent décret, ou si le fait est qualifié crime

« par le présent Code, et qu'il ne le soit pas par les lois
« existantes, l'accusé sera acquitté, sauf à être correc-
« tionnellement puni s'il échoit. »

Depuis lors la jurisprudence n'a jamais hésité à faire
de la manière la plus large l'application d'un principe
aussi équitable (1), et le Conseil d'État, consulté sur le
point de savoir si, aux faits commis sous l'empire de la
loi du 29 nivôse an VI, mais jugés depuis la promulgation du Code pénal, on devait appliquer la pénalité de
l'an VI, ou bien celle plus douce qu'a édictée le Code
pénal nouveau, a décidé le 29 prairial an VIII, que le
Code pénal était seul applicable ; et il donnait pour
raison, « qu'il est de principe en matière criminelle,
« qu'il faut toujours adopter l'opinion la plus favorable
« à l'humanité comme à l'innocence. »

Nous avons en outre un texte législatif qui formule
ce principe : c'est le décret du 23 juillet 1810, qui,
rendu lors de la publication du Code pénal, contient
cette disposition, art. 6 : « Si la nature de la peine pro-
« noncée par notre nouveau Code pénal est moins
« forte que celle prononcée par le Code actuel, les
« cours et tribunaux appliqueront les peines du nou-
« veau Code. »

La loi pour la mise en vigueur du Code pénal prussien, art. 4, et le Code pénal italien de 1859, art. 3,
contiennent des dispositions semblables.

Remarquons, d'ailleurs, que la société n'a le droit de

(1) Arrêt du 6 nivôse an XV, Cass. ch. crim.
— 13 janvier 1814.
— 25 et 26 floréal an VIII.

punir que dans la limite de son intérêt ; or, comme le
dit très-bien M. Blondeau (1) : «Le législateur ayant jugé
« qu'une peine plus faible est suffisante pour prévenir
« les contraventions, le surcroît de peine ordonné par
« l'ancienne loi devient dès lors un mal qu'aucun avan-
« tage ne justifierait. » La société n'a donc pas le droit
de l'infliger. MM. Chauveau (Adolphe) et Faustin Hélie (2) expriment aussi la même pensée en un style
pittoresque et qu'on nous saura gré de reproduire :
« Lorsque le pouvoir social, disent-ils, juge que les
« peines dont la loi est armée sont trop sévères, lorsqu'il
« pense que la conservation de l'ordre social n'est pas
« intéressée à les maintenir, lorsqu'il désarme en un
« mot, il ne pourrait, sans une étrange inconséquence,
« continuer à appliquer, même à des faits antérieurs à
« ces nouvelles prescriptions, mais non encore jugés,
« les peines qu'il proclame lui-même inutiles et trop
« rigoureuses. »

La doctrine et la jurisprudence ont même étendu ce
principe au point de voir, dans le fait de la promulgation d'une loi qui édicte une pénalité plus douce que
celle portée par les lois en vigueur au moment du crime,
la source d'un droit pour le coupable à ne pas subir
une pénalité plus forte, alors même que le fait qui lui
serait imputé ne serait jugé que sous une loi nouvelle
revenue à l'ancienne pénalité, ou à une pénalité plus
rigoureuse que la pénalité intermédiaire (3). Cette

(1) Ouvr. cité, p. 200, en note.
(2) *Théorie du Code pénal*, t. I, p. 33.
(3) Arrêts des 9 et 15 juillet, 3 septembre et 1er octobre 1813,

situation s'est présentée tout récemment à l'occasion de l'annexion de la Savoie à la France. La Cour d'assises de la Haute-Savoie, siégeant à Annecy, se vit déférer un crime de bigamie commis le 14 février 1860, époque à laquelle la loi en vigueur était le Code pénal sarde de 1839, qui punissait ce crime de la réclusion ou des travaux forcés à temps. Le 1er mai 1860, c'est-à-dire un peu plus de deux mois après le crime, le Code pénal sarde de 1859, qui ne punissait plus le crime de bigamie que de la relégation, devint exécutoire en Savoie, et la Cour d'assises, quoique siégeant après l'annexion à la France, et sous l'empire du Code pénal français exécutoire en Savoie, depuis le 14 juin 1860, et prononçant contre le crime de bigamie la peine des travaux forcés à temps, a fort sagement décidé, par arrêt du 19 décembre 1860, que les quelques jours pendant lesquels la peine légale de la bigamie n'avait été que la relégation, avaient créé pour l'accusé un droit irrévocable à ne pas subir une peine plus forte (1).

3° *Mode suivant lequel on doit déterminer la peine la plus douce.* — Pas de difficultés, lorsque les deux peines étant de même nature, l'une d'elles est d'une durée moindre que l'autre; mais, même en conservant l'hypothèse de deux peines de même nature, une difficulté se présente dans le cas où la loi nouvelle, tout en édictant un maximum inférieur à celui fixé par l'ancienne loi,

---

Cass. ch. crim. Conf. MM. Ortolan, t. I, p. 243 ; MM. Chauveau et Hélie, t. I, p. 37; Trébutien, *Cours élém. de droit criminel*, t. I, p. 83.

(1) Voir le *Droit*, journal des tribunaux, du 6 janvier 1861, et l'ouvrage de M. Ortolan.

détermine un minimum plus élevé que celui de la loi
qu'elle abroge : dans ce cas, afin de faire sûrement
profiter le coupable de la législation la plus douce, on
doit, pensons-nous, considérer la peine comme ayant
pour minimum celui de la loi ancienne, et pour maximum le maximum de la loi nouvelle : le juge n'appliquera pas pour cela simultanément les deux lois,
comme quelques auteurs et un jugement du tribunal
correctionnel de Pont-l'Évêque, du 1er août 1822, l'ont
prétendu ; il appliquera, s'il s'arrête au minimum, l'ancienne loi à l'application de laquelle le prévenu avait
un droit acquis dans ces limites, et la loi nouvelle, s'il
porte sa condamnation au maximum ; le prévenu déclaré coupable sans circonstances atténuantes, avait, en
effet, acquis de la loi nouvelle un droit à n'être pas puni
d'une peine plus forte que celle qu'elle édicte. Lors de
l'abrogation de l'article 40 de la loi du 28 septembre-
6 octobre 1791 par la promulgation du Code pénal,
il se trouva que le fait d'avoir usurpé sur la largeur des
chemins publics, puni autrefois d'une amende de 3 à
24 livres, ne devait plus être puni que d'une amende
de 11 à 15 francs. Nous croyons que le juge avait dans
ces circonstances le droit de descendre jusqu'à 3 livres d'amende, l'ancienne pénalité la plus douce des
deux pour le prévenu dont la culpabilité a été atténuée
par quelques circonstances particulières ; et nous pensons aussi qu'il ne pouvait pas monter au-dessus de
15 francs d'amende, maximum fixé pour les plus coupables. La comparaison des deux peines pour déterminer la plus douce ne doit être faite, pensons-nous, que

relativement à chaque accusé, et au moment seulement
où celui-ci a été reconnu coupable et où le juge a fixé
le degré de la culpabilité. En effet, dans l'espèce que
nous avons posée pour le coupable avec des circonstances
atténuantes, la peine la plus douce est celle de l'ancienne
loi de 1791, tandis que pour un complice dépourvu de
circonstances atténuantes la nouvelle peine est la plus
douce.

Si enfin les peines entre lesquelles il faut choisir
la plus douce ne sont pas de même nature, ce sera le
caractère plus ou moins infamant que la loi y a attaché, qui devra servir de guide au juge lorsque le caractère afflictif des peines ne lui fournira pas un élément d'assez exacte appréciation. Ainsi une peine correctionnelle sera toujours considérée comme plus
douce qu'une peine rangée parmi les peines afflictives
ou infamantes ; la dégradation civique est plus grave
que l'emprisonnement. Le juge devra tenir compte de
la graduation que le législateur observe entre les peines
pour régler les conséquences d'une cause générale
d'aggravation ou d'atténuation. Ainsi nous déduirons
de l'article 56 (Code pénal), que les travaux forcés à
perpétuité sont une peine plus dure que la déportation, et d'une façon plus générale, que les peines réser-
vées pour les crimes politiques sont moins sévères que
les peines de même durée applicables aux crimes
contre le droit commun ; nous déduirons aussi de l'article 463 (même Code), que la substitution de l'amende
à l'emprisonnement est un adoucissement de pénalité.

Nous croyons que tout, ici, est l'affaire du juge,

en ce sens qu'il ne convient pas de donner au coupable
le choix de sa peine. Ajoutons que c'est pour le juge
une question de droit et non une question à résoudre
d'après l'appréciation des faits ; aussi un pourvoi en
cassation serait-il possible en cette matière.

§ 2.

INFLUENCE D'UNE LOI NOUVELLE AYANT POUR OBJET LE MODE
D'EXÉCUTION DES PEINES.

Le mode d'exécution de la peine peut souvent être
une aggravation ou une diminution de la peine elle-
même : aussi croyons-nous qu'il est, comme celle-ci,
soumis pour sa détermination aux règles que nous venons d'exposer dans le paragraphe 1er ; ce sera toujours la loi la plus favorable au coupable qui devra lui
être appliquée ; c'est dans cet esprit, croyons-nous,
qu'il a été jugé que pour un fait commis avant la loi
des 25 septembre-6 octobre 1791 et qui avait entraîné
une condamnation à mort portée depuis la promulgation de cette loi, le tribunal avait pu valablement ordonner que le condamné aurait la tête tranchée, ce
mode d'exécution de la peine capitale ayant été estimé
plus humain par le législateur.

Nous devons dire en particulier que la loi qui détermine l'époque à laquelle commencera la peine pour en
calculer la durée, celle qui fixera le mode de publicité
légale des condamnations afflictives et infamantes, sont
du nombre de celles qui nous paraissent influer d'une

façon très-notable sur la pénalité elle-même, et dont l'application sera soumise aux principes divers que nous venons d'exposer. C'est ainsi que si une loi nouvelle venait déclarer que le temps d'emprisonnement préalable serait compté dans la durée de la peine prononcée, cette disposition nouvelle serait appliquée à tous les coupables condamnés depuis sa promulgation ; et si, après cette loi, un changement nouveau apporté à la législation nous ramenait au système actuel, l'application de la loi favorable aux condamnés devrait être faite, même après son abrogation, au profit de tous ceux qui seraient condamnés pour des faits commis sous son empire ou antérieurs.

Cependant il faut reconnaître que toutes les fois que le mode d'exécution sera par son caractère indifférent à la peine elle-même, alors il deviendra un simple détail d'organisation, comme une sorte de procédure, et sera soumis à tous les changements que le législateur pourra trouver utile d'introduire : nul condamné ne pourra prétendre avoir un droit acquis à ne subir sa peine que de telle ou telle manière : l'administration a reçu de la loi des pouvoirs très-étendus pour organiser et modifier, conformément à mille nécessités variables suivant le lieu et le temps, les différentes conditions d'exécution de la peine. Les mesures relatives à la garde de la personne des condamnés, à leur sécurité les uns vis-à-vis des autres, lorsqu'ils sont exposés à se trouver réunis, à leur alimentation, à leur entretien ; la détermination des travaux qui leur seront permis, des règles de police intérieure auxquelles ils seront

soumis, et ces mille petits détails dans lesquels la loi
ne peut descendre, parce qu'ils doivent varier souvent
et dépendent de mille circonstances diverses ; tels sont
les principaux objets des règlements pour la confection
desquels le législateur délègue l'administration ; mais
cette délégation est nécessaire, et elle a toujours lieu.
C'est ainsi que dans la loi des 8-16 juin 1850 sur la
déportation, après avoir déterminé la peine, l'article 1er
ajoute : « Les déportés y jouiront de toute la liberté
« compatible avec la nécessité d'assurer la garde de
« leurs personnes. Ils seront soumis à un régime de
« police et de surveillance déterminé par un règlement
« d'administration publique. » Et un peu plus loin,
art. 6 : « Le gouvernement déterminera les moyens de
« travail qui seront donnés aux condamnés, s'ils le
« demandent. »

§ 3.

EFFET D'UNE LOI NOUVELLE SUR LES CONDAMNATIONS DÉJA
PORTÉES.

Nous allons examiner ici trois points : nous poserons
tout d'abord la règle en cette matière ; nous verrons
ensuite quelles sont les exceptions qui doivent y être
faites ; nous examinerons en troisième lieu une difficulté particulière que fait naître la loi sur les récidives ;
et enfin nous nous occuperons de la rétroactivité d'une
loi rectificative d'une erreur matérielle apparue dans le
texte d'une loi précédente.

1° *Principes de la matière.* — Le premier principe en

cette matière, est tout d'abord que les condamnations, une fois prononcées et passées en force de chose jugée, sont irrévocables. Les changements de la législation ne peuvent de plein droit y apporter aucune modification. Il ne saurait être douteux non plus, et c'est un autre principe qu'il faut aussi placer au début de ces observations, que le législateur conserve toujours, en dehors même du droit de grâce qui appartient au souverain, le pouvoir de modifier comme bon lui semble, pour le plus grand avantage des condamnés, les condamnations légalement portées.

L'abolition d'un genre de peines et la substitution d'une peine plus douce ou de nature différente, n'ont donc pas, en principe, et de plein droit, pour effet d'en relever ceux qui les subissent, ou de diminuer les peines définitivement prononcées : telle est du moins notre pensée; nous savons qu'on peut nous opposer ce que nous disions plus haut avec M. Blondeau, à savoir que la loi qui adoucit les peines doit être exécutée sur-le-champ, parce que le législateur a pensé que le surcroît de peines imposées par les lois antérieures, n'était point justifié par des avantages suffisants; mais nous répondons à cette objection, que, s'il est vrai que ce soit là un motif pour le législateur de s'occuper, en pareil cas, du sort des condamnés antérieurs, cependant il ne nous permet pas de suppléer à son silence et de faire de plein droit aux condamnations déjà portées l'application des dispositions de la loi nouvelle. Ce serait nous exposer à méconnaître les motifs très-sérieux pour lesquels souvent le législateur a cru devoir limiter l'effet des innovations qu'il introduisait. La substitution d'une peine à une autre dans une législation qui accorde une latitude entre un maximum et un minimum, ne peut être faite que par un juge. Quel juge sera compétent ? Le juge devra le plus souvent apprécier la culpabilité, se pénétrer du fond de l'affaire ; nous arrivons ainsi à une révision de procès, à un ébranlement de la chose jugée, en tout cas à un ensemble de mesures qui exigent l'intervention du législateur, et que l'interprète ne saurait prendre en présence d'une loi silencieuse.

Nous trouvons une confirmation de cette idée dans le soin qu'apporte toujours le législateur à trancher cette question et la difficulté qu'elle présente. Nous voyons en effet la loi du 31 mai 1854, abolitive de la mort civile, déclarer expressément dans son article 5 que : « Les effets de la mort civile cessent pour l'avenir « à l'égard des condamnés actuellement morts civi- « lement, sauf les droits acquis aux tiers. » Et le même article ajoute : « L'état de ces condamnés est régi par « les dispositions qui précèdent. » .

L'article 5 de la loi du 3 septembre 1792 s'exprime ainsi : « La peine des fers, de la réclusion, de la gêne « et de la détention, ne pouvant dans aucun cas, d'après « le Code pénal, être perpétuelle, la perpétuité des ga- « lères ou des prisons autrefois en usage est, à compter « de ce jour, anéantie pour tous ceux qui ont pu y être « condamnés.

« En conséquence, les condamnés qui auront subi « ces sortes de peines pendant un temps égal au plus

14

« long terme fixé par le Code pénal pour les fers et la
« réclusion, seront de suite, sans qu'il soit besoin
« d'aucun jugement, rappelés des galères et mis en
« liberté. »

Mais nous trouvons dans ce dernier texte autre chose
qu'une présomption en faveur de la vérité de notre sentiment, il en contient la preuve la plus évidente. En
effet, c'est le Code pénal du 6 octobre 1791 qui a supprimé la perpétuité des peines, et le texte que nous
venons de citer est l'article 5 de la loi du 3 septembre 1792 ; or, s'il était vrai qu'une loi qui porte un
adoucissement de la peine, ou même abolit un genre
de peines, comme dans cette espèce où l'on abolissait
les peines perpétuelles, dût de plein droit s'appliquer
aux coupables condamnés antérieurement, le sort de
ces derniers se fût trouvé réglé par le Code pénal
de 1791, et le texte si précis que nous venons d'extraire
de la loi du 3 septembre 1792, eût été complétement
inutile : telle ne fut pas la pensée du législateur de
1792. C'est qu'en effet une condamnation passée en
force de chose jugée est irrévocable, et qu'il faut quelque
chose de plus exprès qu'une simple induction tirée
du silence du législateur, pour porter atteinte à ce
principe de l'irrévocabilité et du respect de la chose
jugée qui intéresse, lui aussi, à un haut degré l'ordre
public.

On ne saurait contester d'ailleurs que le législateur,
pour des raisons graves dont il est le seul juge, ne
puisse, tout en portant une loi qui adoucit pour l'avenir
la peine de certains délits ou les conséquences de

certains faits, refuser ce bienfait aux condamnés antérieurs, ou en restreindre l'application à leur profit. La loi du 22 frimaire an VIII, qui contient un remaniement du Code pénal de 1791, range un grand nombre de faits autrefois qualifiés crimes dans la classe des délits, et ne les soumet plus qu'à des peines correctionnelles, au lieu des peines afflictives qu'ils entraînaient d'après le Code de 1791 ; or le législateur de cette époque ne crut pas devoir faire bénéficier, des modifications qu'il introduisait dans la pénalité, les coupables condamnés définitivement avant la promulgation de la loi nouvelle. Il le déclara, en appelant au bénéfice de ces modifications les condamnés qui avaient formé devant la Cour de cassation un pourvoi encore pendant. L'article 19 de cette loi est ainsi conçu : « Quant aux jugements rendus par les tribunaux cri« minels et contre lesquels il y a pourvoi, si le Tribu« nal de cassation les confirme, il renverra devant les« dits tribunaux pour appliquer aux condamnés la « peine mentionnée en la présente ; s'il les annule, il « renverra l'affaire devant le tribunal de police cor« rectionnelle du lieu où l'acte d'accusation a été « dressé. »

Le pourvoi avait suspendu l'effet des condamnations prononcées ; si celles-ci n'étaient pas encore définitives, elles bénéficieront de la loi nouvelle; les autres demeureront irrévocables, ce qu'elles ont toujours été ; il faudrait un acte exprès du législateur pour leur appliquer le bénéfice des adoucissements introduits par la loi nouvelle : le législateur n'a pas jugé à propos de le faire; cela est aussi l'opinion de Merlin (1).

Le Code pénal italien de 1859 semble contraire à notre doctrine. Il décide en son article 3, que si la loi nouvelle efface de la liste des infractions une action qui était frappée d'une peine par la loi ancienne, tous les effets de la procédure et de la condamnation cesseront de droit.

Nous ferons remarquer : 1° que le législateur, dont nous n'avons jamais limité le pouvoir, a pu le décider ainsi; 2° que cette disposition porte sur l'hypothèse la plus simple, celle où la loi nouvelle innocente complétement un fait jusqu'alors incriminé; 3° que, par argument *à contrario*, notre texte prouve que si la loi nouvelle édicte une peine plus douce, la condamnation antérieurement prononcée continuera à s'exécuter.

2° *Exceptions.* — Mais si nous avons dit et prouvé que tel est le principe, nous devons ajouter qu'il faut y faire quelques exceptions. Ces exceptions ne se rencontrent que dans le cas de l'abolition d'un genre de peine. Toutes les fois, en effet, que la peine abolie sera du nombre de celles dont l'exécution ne dure qu'un instant, et que celui contre qui elle a été prononcée ne l'aura pas encore subie au moment où la loi vient la supprimer; lorsque cette suppression sera notoirement inspirée par des raisons d'intérêt général, de morale et d'ordre public, nous croyons qu'alors il convient de ne pas laisser accomplir une exécution que la loi réprouve, surtout, comme dans la peine de

____

(1) Merlin, v° *Effet rétroactif*, Leç. III, § 11, art. 11.

mort, lorsque cette exécution est irréparable. Aussi nous ne pouvons qu'approuver la décision par laquelle le ministre de la justice, en 1848, ordonna qu'il fût sursis à toutes les exécutions de peine de mort déjà prononcées, aussitôt que le gouvernement provisoire laissa pressentir l'abolition de cette peine. Il en fut de même lorsque le Code de 1791 supprima la peine du fouet; cette peine ne fut pas appliquée même à ceux qui avaient été condamnés antérieurement : à dater du jour où la marque, la flétrissure, la section du poing droit pour le parricide et l'exposition publique furent abolies, aucune de ces peines ne fut appliquée. Toutefois, et malgré ces exceptions, dont tout le monde comprend et approuve les motifs, la règle n'en demeure pas moins qu'il ne faut pas supposer trop facilement au législateur l'intention de revenir sur des arrêts souverains, ou des jugements passés en force de chose jugée, vis-à-vis desquels, d'ailleurs, subsiste encore et toujours le droit de grâce et de commutation des peines, apanage du souverain.

3° *Question sur le cas de récidive*. — Après avoir ainsi établi le principe de l'irrévocabilité des condamnations passées en force de chose jugée, et les exceptions qui doivent y être faites, nous avons à examiner une question très-délicate, celle de savoir si la loi nouvelle qui changerait la qualification du fait sur lequel est intervenue la condamnation, et, de crime qu'il était réputé autrefois, le considérerait comme un simple délit soumis aux peines correctionnelles, ne modifiera pas du moins le caractère de la condamnation reconnue irrévocable, et cela au point de vue de l'application des lois sur la récidive. Ces lois établissent des degrés divers d'aggravation de la peine pour le coupable déjà condamné, suivant que la récidive a lieu de crime à crime, ou de délit à délit, et même (art. 57 C. pén.), ce qui s'explique moins peut-être, de crime à délit ; car il semble que l'amendement survenu dans le coupable devrait attirer sur lui de la bienveillance au lieu d'une pénalité plus forte. L'article 1ᵉʳ de la loi du 23 floréal an X ne plaçait en état de récidive et ne soumettait à l'aggravation de peines qui en résultait que les accusés qui avaient été « repris de justice pour un crime quali« fié tel par les lois actuellement subsistantes. » En face de ce texte, notre question ne pouvait pas naître, le fait pour lequel l'accusé avait été autrefois puni devait être qualifié à nouveau d'après les lois de l'époque de la seconde condamnation, pour apprécier la situation de l'accusé au point de vue de la récidive. En doit-il être encore ainsi en face de notre article 56 (C. pén.) dont le dispositif est ainsi conçu : « Quiconque , ayant « été condamné à une peine afflictive ou infamante, « aura commis un second crime emportant comme « peine principale la dégradation civique, sera con« damné....., etc. » Que signifient ces mots : « con« damné à une peine afflictive ou infamante » ? Faut-il les prendre dans leur sens strict, et décider qu'il suffira que cette peine ait été infligée au coupable pour qu'il doive être réputé récidiviste, s'il commet un second crime ? Nous ne le croyons pas ; la loi, en parlant de peine afflictive ou infamante, n'a voulu qu'exprimer

l'idée d'un crime commis, et exclure le cas où le juge
de ce crime aurait cru, à cause des circonstances particulières dans lesquelles il a été commis, devoir abaisser,
en vertu de l'article 463, la pénalité au-dessous des
peines afflictives ou infamantes. Ce qui le prouve sura-
bondamment d'ailleurs, c'est le texte lui-même qui
parle d'un second crime. On sent que sa pensée se
reportait uniquement à l'existence d'un premier crime,
et s'il ne s'en est pas exprimé clairement, c'est par la
raison que nous venons d'exposer ; d'ailleurs l'ancien
article 56 (C. pén.) disait expressément : « Quiconque
ayant été condamné pour crime, » et ainsi que nous
venons de le voir, c'est dans un sentiment d'humanité
que le législateur de 1832 a modifié cette expression,
en ajoutant, conformément à l'article 56 revisé (C. pén.),
la nécessité d'une condamnation à une peine afflictive ou
infamante ; ce serait évidemment aller contre son esprit
que de tirer de cette modification une conséquence qui
fût préjudiciable à l'accusé; nous pouvons donc à
coup sûr modifier le texte de l'article 56, et déclarer
qu'il ne soumet à la peine de la récidive, que ceux qui
ont été condamnés pour crime à une peine afflictive ou
infamante. Mais à quoi sert cette analyse? Dans notre
espèce le coupable a été condamné pour crime : il semble donc que notre question n'ait pas avancé vers sa
solution. Toutefois, remarquons que nous avons maintenant le droit de nous demander plus directement à
quelle époque nous devons nous placer pour apprécier
et qualifier le fait qui a motivé la première condamnation. Pour répondre à cette question, nous devons ob-

server qu'elle se pose pour l'application nouvelle d'une peine, et que nous avons établi précédemment que de deux lois prononçant des peines différentes pour le même fait, c'est la plus douce qui doit toujours être appliquée au coupable : or, ici, nous rencontrons ces deux lois en conflit : la loi du jour de la première condamnation, qui qualifie crime le fait qui a motivé celle-ci, et la loi nouvelle qui range ce même fait parmi les simples délits : si l'on suit la première, la peine sera plus forte pour l'accusé ; c'est donc la dernière qui doit nous fournir la qualification demandée.

En effet, ainsi que l'ont très-bien dit MM. Chauveau (Adolphe) et Faustin Hélie (1) : « La culpabilité se me-
« sure sur la gravité intrinsèque du fait. La loi est im-
« puissante pour modifier la valeur morale des actions.
« La criminalité de l'auteur d'un délit de chasse sera
« toujours la même, soit que la peine soit correction-
« nelle ou infamante; si le premier fait a été injuste-
« ment élevé au rang de crime, la loi devrait peut-être
« un dédommagement au condamné, loin d'en faire un
« élément d'une peine nouvelle. »

Peut-on admettre en effet que l'erreur ou la sévérité (comme on le voudra, les quelques mots que nous venons d'extraire de MM. Chauveau et Faustin Hélie, démontrant qu'en pareille matière ces mots sont synonymes) du législateur du temps où l'accusé a été condamné pour la première fois soit assez préjudiciable à celui-ci pour non-seulement lui attirer, comme un

____

(1) *Théorie du Code pénal*, t. I, p. 306.

châtiment du premier fait, une peine reconnue aujourd'hui trop sévère, mais encore un excès nouveau de sévérité dans la seconde condamnation qu'il doit subir ; en sorte que s'il eût commis sous l'empire de la loi nouvelle les deux faits qui lui sont reprochés, non-seulement il ne subirait pour le premier qu'une peine correctionnelle au lieu d'une peine afflictive ou infamante à laquelle il a été condamné, mais encore il n'aurait pas à subir une aggravation de peine pour une prétendue récidive dont il est reconnu par la législation actuelle qu'il n'est pas coupable. Qu'on maintienne l'ancienne condamnation, nous le voulons bien ; elle est irrévocable, et des motifs sérieux peuvent s'opposer à ce qu'on lui applique les modifications amenées par le progrès des lois ; mais il ne saurait être admis que l'erreur ancienne continue à exercer son empire sur des condamnations portées depuis que la législation nouvelle l'a fait disparaître.

4° *De la rectification d'une erreur matérielle apparue dans le texte d'une loi précédente.* — La loi qui rectifie une erreur matérielle qui s'est glissée dans la copie d'une loi antérieure, ne saurait plus qu'aucune autre rétroagir, c'est-à-dire être appliquée à des faits accomplis avant sa promulgation, si l'accusé a intérêt à invoquer la teneur primitive de la loi, et encore moins servir de base à la rectification des condamnations portées en vertu de l'ancienne loi. Dans les termes de cette ancienne loi, si ridicules qu'ils puissent être, il y a pour les citoyens, jusqu'à leur réformation, un droit acquis à en invoquer le bénéfice. En matière pénale, on

ne saurait donc aggraver après coup, et en vertu de la
loi rectificative postérieure, le sort de ceux qui sont
poursuivis pour des faits antérieurs, ni surtout les condamnations légalement portées : au contraire si, par
l'erreur que la loi nouvelle a pour objet de rectifier, la
loi était rendue plus douce, la pénalité moins sévère que
celle que le législateur avait eu en réalité la pensée de
porter, il faut alors admettre que la loi modificative
devra rétroagir au profit de ceux qui seront poursuivis
après sa promulgation, quoique pour des faits antérieurs. Mais peut-on aller, si la condamnation est déjà
prononcée, jusqu'à réparer les tristes et douloureuses
conséquences de cette erreur de copiste? Les condamnations antérieures devront-elles être revisées et
mises en harmonie avec la véritable pensée du législateur? Nous doutons, par des motifs déjà exprimés, que
l'interprète puisse, dans le silence de la loi, porter cette
atteinte à l'autorité de la chose jugée. Mais si le législateur ordonne et organise la révision des procès termi-
nés, nous applaudirons à cette disposition, d'autant
plus équitable et opportune ici, qu'il s'agit de revenir
sur une erreur, et non pas sur une décision réfléchie.
La raison en est ici qu'il n'y a aucun droit acquis lésé
par une semblable rétroactivité; la société n'a aucun
intérêt à maintenir une semblable erreur, et le condamné, au contraire, ne peut que désirer l'admission
de cette rétroactivité (1).

(1) Merlin, *loc. cit.*, sect. III, § 14.

§ 4.

DE LA PRESCRIPTION.

Il nous reste à parler de la prescription et de l'application que devra recevoir une loi nouvelle modificative des conditions de la prescription. Nous devons tout d'abord dire quelques mots du caractère véritable et essentiel de la prescription en cette matière. Un crime a été commis ; il en résulte une alarme pour tous ceux qui en ont été les témoins, ou qui en sont informés. Ce trouble des esprits appelle la protection du pouvoir social, et celui-ci, pour l'apaiser, doit procéder à la recherche du coupable et à sa mise en jugement ; les recherches s'exécutent, mais, malgré leur activité, le coupable leur échappe. Un long délai s'écoule, le crime s'oublie ; les esprits reprennent confiance, mais, sur ces entrefaites, le coupable se révèle à la justice ; faudra-t-il lui demander compte du crime qu'il a commis ? La loi ne l'a pas pensé ; ce serait réveiller un souvenir pénible, renouveler le scandale causé par le crime, et le trouble qu'il avait causé dans les esprits : elle a cru que, dans de pareilles circonstances, la société était sans intérêt à poursuivre le coupable ; aussi se croit-elle sans droit à le faire ; et, dès lors, nous pensons que de même que plus haut nous avons reconnu qu'il était de toute justice d'appliquer au coupable la peine la plus douce, nous devons aussi faire bénéficier ici le coupable non encore condamné de la promulgation d'une loi qui viendrait restreindre le délai de la prescription, lorsqu'il se trouverait qu'entre l'époque du délit et le commencement des poursuites, il se serait écoulé le temps fixé par la nouvelle loi pour la prescription. C'est aussi l'opinion qui a prévalu lors du conflit du Code du 3 brumaire an IV avec le Code d'instruction criminelle de 1811. Les articles 9 et 10 du premier Code fixaient à six ans en matière de crime, et à trois ans en matière de délit, la prescription de l'action publique ; mais cette prescription ne commençait à courir que du jour où le crime avait été légalement constaté : au contraire, le Code d'instruction criminelle fait courir la prescription du jour où le crime a été commis, mais il fixe un nouveau délai, savoir dix ans pour les crimes, et trois ans pour les délits : à tous les délits commis sous l'empire du Code de brumaire an IV, mais poursuivis sous le Code d'instruction criminelle et plus de trois ans après leur date, on a accordé le bénéfice du nouveau Code d'instruction criminelle, et ils n'ont attiré aucune condamnation à leurs auteurs. Le législateur venait, en effet, de reconnaître qu'après trois ans écoulés sans poursuites d'un délit, la société était sans intérêt à en demander justice, comment pouvait-elle refuser de faire immédiatement l'application de cette idée de stricte justice et poursuivre, quoique sans intérêt, des délits commis depuis plus de trois ans ? C'est toujours au fond la même question ; aussi le même principe vient-il nous fournir une solution identique. Nous croyons qu'il faut aller plus loin encore, et dire qu'il en sera de même dans les cas où les poursuites commencées avant la promulgation de la nouvelle loi, mais après le temps fixé de-

puis par elle pour la prescription, n'auraient pas encore
amené de condamnation ; le pouvoir social doit annuler
et abandonner des poursuites commencées à une époque où il vient de reconnaître qu'il était sans intérêt à
les exercer. Le cas s'est présenté lors de la loi du 16
juin 1824, dont l'article 14, *in fine*, est ainsi conçu :
« L'action pour faire condamner aux amendes sera
« prescrite après deux ans, à compter du jour où les
« condamnations auront été commises dans les cas
« déterminés : 1° . . . . . » Cette loi fixait, on le voit,
à 2 ans au lieu de 30 ans, comme autrefois, le délai par
lequel se prescriraient, à l'avenir, les amendes encourues
par les notaires pour infractions à ses dispositions,
comme pour contraventions aux lois sur le timbre et
sur les ventes de meubles. Quelques prévenus ont alors
soutenu que, bien que des poursuites aient été exercées
contre eux avant la promulgation de cette loi, cependant, comme elles ne l'avaient été que plus de deux
ans après le jour où la contravention avait été commise,
ils devaient être renvoyés de la poursuite, par application de la loi nouvelle. Nous croyons que ce raisonnement était exact et qu'il eût triomphé, si la Cour de
cassation n'eût pas, pour y échapper, contesté à ces
amendes le caractère pénal qui seul autorisait les prévenus à demander l'application de la loi nouvelle ;
mais nous pensons que toutes les fois qu'une pareille
objection ne pourrait pas être faite, il faudrait admettre,
avec l'avis du Conseil d'État du 29 prairial an VIII,
l'opinion la plus favorable à l'humanité.

Que déciderions-nous dans le cas où la loi nouvelle

sur la prescription des délits ou des crimes augmente-
rait le délai fixé par la loi ancienne ? Cette question
offre plus d'une difficulté, car on ne peut, et à bon
droit, soutenir que la loi qui statue sur ce grand intérêt
de la prescription des délits est une loi rendue dans un
intérêt général devant lequel doit s'incliner tout ce qui
n'est pas un droit acquis ; que le coupable au profit duquel le temps de prescription n'est pas encore accompli,
n'a pas de droit acquis ; que le coupable ne peut pas
compter sur le silence et l'inaction du ministère public
pendant le temps qui reste à courir de l'ancienne prescription ; que ce n'est pas là une attente respectable ;
que le législateur reste le maître de changer les modes
d'action du ministère public pour l'application de la loi
pénale ; que changer la durée du temps pendant lequel
le ministère public pourra agir, c'est changer non pas
le fond de la loi pénale, mais son mode d'application, et
pour ainsi dire la procédure de sa mise à exécution.
Mais nous répondons que si la loi qui détermine la
prescription s'inspire de l'intérêt général, tel est aussi
le caractère de toute loi pénale, et que, néanmoins, il a
été fort sagement admis et par la doctrine et par la jurisprudence, que l'accusé pourrait toujours réclamer
l'application de la loi la plus douce, nous devons appliquer ce principe jusqu'au bout, et décider que dans
l'espèce que nous examinons le prévenu ou l'accusé
pourra exiger que la loi ancienne lui soit appliquée. Il
y a une différence sensible entre une loi qui modifie la
procédure, la manière d'exercer l'action publique, et
une loi qui au bout d'un certain temps met obstacle à

cette action. La durée possible de la poursuite criminelle a une influence marquée sur la sévérité de la loi
pénale, et concourt à mesurer le degré d'intimidation
qu'elle exerce sur les esprits. On accorde à l'accusé une
sorte de droit acquis à invoquer le bénéfice de la loi en
vigueur au moment de la perpétration du crime; c'était
la seule loi qu'il connût, et dont il eût à mesurer, à redouter les menaces; c'est en face de la peine qu'elle
édictait, qu'il s'est résolu à le commettre; il aura toujours un droit acquis à ne pas en subir une plus consi-
dérable. C'est aussi en face des moyens que cette loi lui
fournissait d'échapper à la condamnation, qu'il a résolu
un crime; il aura donc aussi un droit acquis à jouir au
moins de tous ces moyens; c'est là une conséquence
extrême de ce grand principe qui domine toute la matière, à savoir que nul ne peut être condamné à une
peine qui n'était pas encore promulguée lors du fait
pour lequel il est jugé.

Il en sera de même toutes les fois que, pour une raison ou pour une autre, la loi ancienne sera plus favorable à l'accusé, alors même qu'elle fixerait pour la prescription un délai plus long que celui que vient d'établir
la loi nouvelle; parce que, par exemple, elle établirait
un point de départ différent, ou pour toute autre cause.

Nous en dirons autant de la prescription de la peine,
et nous admettrons que le condamné acquiert au moment de la condamnation le droit de s'y soustraire par
une disparition dont la durée est fixée par la loi de la
condamnation, dont il pourra toujours réclamer le bénéfice, nonobstant tous les changements qui pour-

raient survenir dans la législation, et que cependant, si
la loi nouvelle lui est favorable, édicte une abréviation
de délai, ou bien fixe un point de départ nouveau dont
il ait intérêt à invoquer le bénéfice, il pourra se placer
sous la protection de la loi nouvelle. Tout ici est donc
favorable au prévenu comme au condamné; on lui appliquera toujours, et dans tous les cas, la législation la
plus douce (1).

Après avoir exposé l'influence d'une loi nouvelle sur
les droits divers qui peuvent appartenir à nous, et à la
société elle-même, par suite de nos rapports les uns avec
les autres et avec la société dont nous faisons partie, il
nous reste à examiner rapidement cette même influence
sur les moyens mis par la loi à notre portée pour faire
reconnaître et valoir nos droits.

(1) Faustin Hélie, *Inst. crim.*, t. III, p. 693. Cour de cassation,
5 sept. 1812; 22 avril et 6 mai 1813; Rauter, n° 853. A. Morin,
Rép., Effet rétroac., 16. Dalloz, v° *Prescription*, II, 4.

CHAPITRE II

Il ne suffit pas au législateur de déterminer les droits
et les devoirs de chacun des membres de la cité vis-à-
vis de ceux qui la composent, comme aussi vis-à-vis de
la cité elle-même : il ne lui suffit pas non plus de porter
des sanctions soit pénales, soit civiles, à ces droits et aux
devoirs divers ; il faut encore qu'il fournisse à tous le
moyen de faire respecter les droits qu'il leur a reconnus,
et d'obtenir l'accomplissement des devoirs qu'il a im-
posés à tous vis-à-vis de chacun ; enfin, c'est à lui qu'il
appartient de procurer à l'ensemble du corps social le
moyen de faire remplir les devoirs qui nous incombent
vis-à-vis de lui, ou d'exiger réparation des violations
de droit qui pourraient être commises contre lui.
Loysel, dans son *Dialogue des Avocats,* compare les
formes « aux cerceaux du muid ou au ciment qui colle
« et retient l'édifice. » Frédéric II disait aussi « qu'il
« fallait bien que la justice eût un art de débrouiller
« les affaires, puisque la justice avait créé l'art de les
« embrouiller. »

Pour remplir cette tâche importante, le législateur
français a écrit tout un ensemble de règles auxquelles
il a donné le nom de Code de procédure et de Code
d'instruction criminelle. Ces deux Codes n'ont qu'un
même but : organiser les moyens de rendre la justice ;

mais ils ont deux objets : le premier s'applique aux contestations d'intérêt particulier, et détermine, ainsi que le dit Pothier, « la forme suivant laquelle on doit « intenter les demandes en justice civile, y défendre, « instruire, juger, se pourvoir contre les jugements et « les faire exécuter. » Le second s'applique aux situations dans lesquelles la société s'arme de son droit de punir, et détermine non pas seulement, comme semblerait l'indiquer son nom, la forme et les procédés à l'aide desquels le juge doit rechercher la vérité en matière criminelle, mais encore, de même que le Code de procédure, la forme dans laquelle on doit entamer la poursuite, y défendre, instruire, juger, se pourvoir contre les jugements, et les faire exécuter.

Les nombreuses similitudes que présentent ces deux Codes expliquent assez pourquoi nous les réunissons pour faire, dans un même chapitre, l'étude des questions que font naître les modifications apportées à leurs dispositions par des lois nouvelles : les principes sont presque en tous points les mêmes pour tous deux.

Nous diviserons cette étude en cinq paragraphes correspondant aux principaux objets de la matière, tels que Pothier vient de nous les indiquer. Sous chacun d'eux, nous examinerons séparément la procédure et l'instruction criminelle. Nous devons chercher à préciser l'influence d'une loi nouvelle, 1° sur la compétence ou l'attribution de juridiction ; 2° sur les formes à employer ou la manière de procéder pour arriver à éclairer la justice ; 3° sur la forme et les effets des jugements ; 4° sur le mode de leur exécution ; 5° enfin sur les procédés de réformation consacrés par la loi.

Avant d'entrer dans l'étude de ces diverses questions, rappelons que le grand principe que nous avons posé en matière de rétroactivité est celui-ci : respect des droits acquis avant la promulgation de la loi nouvelle. Or, comme d'après la définition que nous avons donnée de la procédure et de l'instruction criminelle, l'ensemble des règles qui les composent ne fait que déterminer le mode de mise en exercice, ou mieux le mode de reconnaissance et de conservation des droits acquis, sans toucher en quoi que ce soit aux droits eux-mêmes, il semble, au premier abord, que nous n'ayons pas de questions à soulever à propos de l'application des lois nouvelles, et que celles-ci doivent toujours s'appliquer du jour de leur promulgation, conformément au principe d'après lequel elles sont réputées préférables à celles qu'elles remplacent. Mais ce premier aperçu nous induirait en erreur. Nous verrons, en effet, que plus d'une difficulté se présentera sur notre route dans l'examen détaillé des diverses questions que nous avons posées : plus d'un intérêt demande protection contre la prétendue rétroactivité de ces formes de procédure, et l'application immédiate des formes nouvelles adoptées par la loi, présente souvent de graves inconvénients, que le législateur ne peut pas méconnaître. Aussi l'avons-nous vu presque toujours prévoir cette situation et la régler par une disposition spéciale. L'article 1041 du Code de procédure criminelle s'exprime en effet de la manière suivante : « Le présent Code sera exécuté à dater « du 1er janvier 1807 ; en conséquence, tous procès qui

« *seront intentés* depuis cette époque, seront instruits
« conformément à ses dispositions. » Déjà l'ordonnance de 1667 contenait une disposition semblable.
Depuis lors la loi du 2 juin 1841, qui a modifié la forme
des ventes judiciaires, a aussi exprimé dans son article 9
une exception analogue, mais plus expresse encore, à
la règle de l'application immédiate des lois de procédure. « Les ventes judiciaires, y est-il dit, qui seront
« commencées antérieurement à la promulgation de la
« présente loi, continueront à être régies par les ancien-
« nes dispositions du Code de procédure civile et du
« décret du 2 février. 1811. Les ventes seront censées
« commencées, savoir, pour la saisie immobilière, si le
« procès-verbal a été transcrit, et pour les autres ventes,
« si les placards ont été affichés. » Enfin, lorsque la loi du
21 mai 1858 est venue modifier les règles de la procédure d'ordre, il a été formellement exprimé dans l'article 4 que « les ordres ouverts avant la promulgation de
« la présente loi seront régis par les dispositions des
« lois antérieures. » Quelques difficultés de détail ont
été soulevées sur chacune de ces dispositions ; nous ne
croyons pas devoir les examiner ici : ce serait, nous
semble-t-il, nous éloigner un peu du but que nous nous
sommes proposé, et de l'objet direct de notre étude.
Prenons seulement en passant acte de ces dispositions
exceptionnelles, pour constater l'intérêt que le législateur attache à la question que nous agitons, et remarquons que non-seulement ces exceptions laissent subsister comme principe la règle par nous posée, mais
encore qu'elles la confirment et lui donnent en quelque

sorte une consécration législative. Ils la consacrent surtout en ce qu'ils soumettent à la nouvelle procédure les droits antérieurement acquis, sur lesquels des contestations ne sont pas encore entamées. Disons donc que partout où nous ne rencontrerons pas cette exception, nous appliquerons la règle, et que nous considérerons comme obligatoire, du jour de sa promulgation, toute loi modificative des Codes de procédure ou d'instruction criminelle.

§ 1.

COMPÉTENCE OU ATTRIBUTION DE JURIDICTION.

1° *En matière civile.* — Ici, notre règle générale doit recevoir son entière application. Les lois qui déterminent la compétence des tribunaux sont applicables même aux actions relatives à des obligations antérieures à la publication de ces lois. Telle est l'opinion de tous les auteurs (1) ; c'est aussi celle de la jurisprudence constante, et nul n'a jamais douté, par exemple, que le billet à ordre, souscrit pour objet de commerce, avant le Code de 1807, ne donne lieu, pour son exécution, sous l'empire de ce Code, à une instance devant le tribunal de commerce. Nous devons en dire autant des juridictions administratives. Mais quel sera le moment où la juridiction sera irrévocablement fixée ? Pour discuter cette question, nous supposerons que la loi nouvelle transporte une classe d'affaires d'une juridiction

____

(1) Carré, *Des juridictions,* et Voy. Introd., n° 69 ; Merlin, v° *Comp* , § 3 ; Mailher de Chassat, t. II.

à une autre, sans supprimer aucune des juridictions
établies. Lorsque le législateur supprime un tribunal,
il manifeste une volonté formelle, et prend des mesures
positives qui viennent neutraliser les principes purs du
droit. Impossible, en effet, de prétendre que, lorsque
la loi de 1790 est venue supprimer les anciennes juridictions pour en créer de nouvelles, les simples ajour-
nements qui lui étaient antérieurs ont pu faire échec à
son application et constituaient, pour les parties qui s'y
trouvaient dénommées, un droit à exiger même deux ans
et trois ans après elle la reconstitution des parlements
abolis pour juger les différends dont ils renfermaient
l'exposé : une pareille prétention se réfute d'elle-
même.

Revenons à notre hypothèse où, entre deux juridictions maintenues, le législateur fait une nouvelle distribution de la compétence. Tout le monde est d'accord
pour reconnaître que ce n'est pas l'époque du contrat.
Sera-ce celle où l'action est intentée, ou bien une époque
plus voisine du jugement ? Faut-il dire, enfin, que, jusqu'au prononcé du jugement, le tribunal régulièrement
saisi d'une instance pourra être obligé de se déclarer
incompétent, si une loi survient qui attribue à une autre
juridiction la connaissance de l'affaire qui lui était soumise ?

Cette question est certainement fort délicate, car
l'application de notre règle aurait pour résultat de nous
obliger à admettre que la juridiction n'est définitivement fixée que par le jugement : or, qui ne voit que rien
ne serait plus contraire à la pensée qui préside à la

rédaction d'un Code de procédure, et que M. Carré (1)
exprimait si bien en ces termes : « Donner les moyens
« de parvenir dans le moins de temps et avec le moins
« de frais possible à la découverte de ce qui est vrai et
« juste. » Nous ne pouvons donc adopter une opinion
qui exposerait les plaideurs à perdre tout le bénéfice
d'une longue, pénible et coûteuse instruction devant des
juges qu'à la dernière heure une loi pourrait déclarer
incompétents.

Devons-nous, d'un autre côté, décider que la juridiction dans les instances civiles devra se déterminer par
la loi sous l'empire de laquelle l'action est introduite, et
le tribunal saisi? Devons-nous décider que le tribunal
saisi régulièrement d'une instance, et compétent au
jour où il a été saisi, continuera à l'être, quelles que
puissent être lés modifications survenues dans la législation depuis cette époque? Nous savons (2) que c'est
l'exploit d'ajournement qui saisit le tribunal et
l'oblige à juger la question qui lui est soumise, s'il se
reconnaît compétent. Suffira-t-il donc qu'un exploit
d'ajournement ait été lancé, pour rendre inapplicable
à l'instance qu'il introduit les modifications qu'une
loi nouvelle apporterait aux règles de la compétence des
tribunaux? Nous ne le pensons pas non plus; ce serait
créer sans un intérêt assez grave de sérieuses entraves
à l'application d'une loi qu'on a jugé urgent de porter.
Si donc la loi modificative ne s'explique pas sur le

_____

(1) Carré, *Introd. aux lois de la procédure civile*, nᵘ 7.
(2) Claveau sur Carré, 4ᵉ édit., 1862, t. I, p. 276 ; Dalloz, *Rép.*,
vᵒ *Instr. cr.*, nᵒ 2.

sort des instances pendantes, mais dont l'instruction n'est pas encore sérieusement commencée, nous croyons qu'il convient de la leur appliquer, et d'en renvoyer l'instruction devant la juridiction nouvelle. Quelle sera la limite que nous établirons? Nous proposons de consulter la loi du jour, où l'affaire, aux termes de l'article 343, sera en état : nous ne nous arrêterons pas aux critiques adressées à cet article par le rédacteur de la loi genevoise dans l'exposé des motifs du titre XXI, art. 274 (1). En effet, outre que ces reproches ne portent pas, alors même qu'il s'agit de déterminer l'époque à laquelle il y aura lieu à reprise d'instance, ils ne sauraient être fondés quand il s'agit de déterminer le tribunal compétent, question dans laquelle les plaideurs ont intérêt d'économie de frais à voir fixer le plus tôt possible, la juridiction compétente pour statuer sur leur différend. Nous préférons cette époque à toute autre, parce que c'est celle à partir de laquelle il ne dépend plus des parties, même du demandeur, de retarder la décision ; les plaideurs ont fourni ou sont réputés avoir fourni tous leurs moyens, le tribunal commence son travail d'appréciation. Sans doute il demandera de nouvelles explications aux plaideurs s'il en est besoin ; mais enfin ceux-ci se trouvent, en fait et en droit, d'une façon immédiate sous le coup de la décision à intervenir. Dans les affaires qui ne seront pas encore en état, et dont la connaissance sera enlevée au tribunal, par un changement de légis-

____

(1) *Loi sur la procéd. civ.* du canton de *Genève,* par M. Bellot, 2ᵉ édition, 1836, p. 229.

lation, nous croyons que les affaires seront renvoyées, transportées devant la juridiction compétente, que les actes de procédure déjà faits ne perdront pas leur utilité, leur efficacité, que l'interruption du cours de la prescription, que le cours des intérêts moratoires, effets produits par l'introduction d'une instance régulière seront maintenus. La procédure sera continuée devant le nouveau tribunal saisi, sur les derniers errements.

La limite que nous venons d'indiquer ne suffit pas à toutes les affaires. Aux procès dans lesquels le défendeur ne comparaît pas, aux procédures d'ordre et de contribution, aux référés, on ne saurait faire l'application de l'article 343 du Code de procédure. Cependant nous devons, dans toutes ces procédures, fixer une époque précise dont la loi déterminera d'une manière irrévocable la compétence du tribunal. Ici encore nous nous arrêterons à la même idée que plus haut, et nous déciderons que le juge ne devra et ne pourra pas se dessaisir lorsque l'affaire aura été portée à son audience, de telle façon qu'il ne dépende plus des parties d'en retarder l'examen.

Pour la procédure d'ordre et de contribution, il y a d'autant plus d'intérêt à déterminer cette limite, que ces procédures ne s'ouvrant pas par un ajournement, on doit se demander quel est au juste l'acte qui saisit le juge. Nous déciderons, contrairement à quelques auteurs (1), que c'est la réquisition afin de nomination d'un juge commissaire, et non pas cette nomination elle-même. Ce même acte sera pour nous celui qui

(1) Notamment MM. Grosse et Rameau, t. II, p. 282, n° 568.

fixera l'époque dont la loi devra être consultée pour déterminer le juge compétent : à cet instant, en effet, le travail du juge commence, et tout désormais dépend de lui : l'ordre ou la contribution n'est ouvert que sur la production des pièces constatant que cette procédure est nécessaire, et le juge trouve dans ces piècesles éléments nécessaires pour procéder à la répartition demandée en observant les règles fixées par la loi pour sauvegarder le grand intérêt de la contradiction et lesdélais qui lui permettent de prononcer des forclusions définitives.

2° *Compétence en matière criminelle.* — Ici encore la règle est la même : M. Mailher de Chassal (1) en critique cependant l'application pour le cas où il s'agit d'une loi qu'il appelle exceptionnelle. Quant à nous, nous ne croyons pas qu'une loi, si exceptionnelle qu'elle puisse être, en soit moins obligatoire pour cela ; aussi pensons-nous que l'opinion restrictive de M. Mailher ne doit pas être admise : notre différend d'ailleurs ne porte, on le voit, que sur un point de détail. Mais nous trouvons ici un adversaire bien plus tranché : nous lisons en effet dans la *Théorie du Code pénal* de MM. Chauveau (Adolphe) et Faustin Hélie (2), cette exposition véhémente et convaincue du système contraire : « Est-il nécessaire de répéter le principe géné-
« ral qui plane sur toute notre législation ? La loi ne
« dispose que pour l'avenir ; elle n'a pas d'effet ré-
« troactif. Voilà la règle générale, le droit commun.
« Toutes les lois, quelle que soit leur nature, quel que

(1) Tom. II, p. 251, n° 28.
(2) Tom. I, p. 42 et 43.

« soit leur but, sont soumises à ce principe tutélaire ;
« si l'on y a introduit une seule exception, c'est dans
« l'intérêt des justiciables eux-mêmes ; c'est quand,
« soustraits à l'application de la loi nouvelle, ils en
« réclament eux-mêmes le bienfait. Mais la non-ré-
« troactivité est leur droit, dans tous les cas ils peuvent
« l'invoquer : qu'on révèle donc une exception écrite
« quelque part à ce principe de droit public ; qu'on
« produise le texte qui aurait soustrait à son empire
« les lois de procédure et de compétence ; jusque-là le
« principe est général et sévère : ces lois, comme les
« autres, ne peuvent régir que les faits accomplis de-
« puis leur promulgation. Ensuite cette distinction du
« fond du droit et de la forme de procéder, est peut-
« être admissible en matière civile ; mais en matière
« criminelle, la forme constitue une partie même du
« droit de l'accusé, car il y puise sa défense ; et com-
« ment ne voir qu'une question de forme dans l'in-
« troduction d'une juridiction ou son établissement
« après coup ? Tout ce qui touche, soit à la création,
« soit à l'ordre des juridictions, n'est-il pas fonda-
« mental et sacré ? Les juges naturels de tout prévenu
« d'un crime ou d'un délit ne sont-ils pas ceux existant
« au jour de la consommation du fait ? Est-il donc dif-
« férent, surtout si le délit est d'une nature politique,
« d'être jugé par des jurés ou des juges permanents,
« par une Cour d'assises ou un conseil de guerre ? La
« règle de compétence, règle tutélaire, est que tout
« citoyen ne peut répondre de ses actes que devant un
« tribunal certain et connu à l'avance.

« Persister à ne voir dans cette garantie qu'une af-
« faire de forme, ce serait méconnaître la force des
« choses, et créer une fiction pour étayer une règle arbi-
« traire ; car il peut même se trouver qu'il soit plus
« important pour les prévenus de conserver la garantie
« des juridictions existant au temps du délit, que l'ap-
« plication des lois en vigueur à la même époque... »

On nous pardonnera cette longue citation ; nous n'avons pas voulu ne donner qu'une analyse d'une opinion aussi grave et aussi importante, nous aurions craint qu'on ne nous accusât d'infidélité. Pour nous, en effet, tout cela se résume en une seule idée : l'intérêt du prévenu peut demander l'application des règles de compétence anciennes. Mais nous croyons qu'il y a ici une grave erreur : son origine nous paraît facile à connaître, et nous avouons que pour nous aussi, comme pour tout cœur accessible à la pitié, l'opinion de MM. Chauveau (Adolphe) et Faustin Hélie, est pleine de séduction. Mais nous devons chercher la vérité et faire abstraction, pour la trouver, des sentiments et des impressions qui pourraient en affaiblir la clarté.

En examinant, dans le chapitre précédent, quelle est de deux lois prononçant pour le même fait une pénalité différente, la loi qui doit être appliquée, nous avons admis avec la doctrine, avec la jurisprudence, avec la loi elle-même, que l'intérêt du coupable devait déterminer notre choix : en peut-il être, en doit-il être de même ici ? Recherchons sur quoi, dans les deux situations, repose l'intérêt qu'on invoque, et peut-être trouverons-nous une raison de décider que l'on doit l'écouter dans un cas et le rejeter dans l'autre comme inadmissible. S'agit-il de la détermination de la peine à appliquer ? pas de difficulté, l'intérêt du prévenu naît d'un fait existant, palpable, rationnel peut-être, car les peines peuvent varier suivant les nécessités du temps où elles sont portées. S'il y a eu erreur du législateur, qui avait édicté une peine trop douce, cette erreur a pu entraîner celle du prévenu, il y aurait injustice à ne pas tenir compte de cette circonstance. Au contraire, quand il s'agit de la détermination des juridictions, comme toutes ont pour but l'application de la même loi, et que toutes celles qui peuvent être constituées par le législateur doivent nécessairement être réputées faire cette application avec une égale sagesse ; il est impossible d'apercevoir, en droit, un intérêt véritable pour le prévenu à être jugé par un tribunal ou par un autre : nous supposons, d'ailleurs, pour ne pas compliquer la question, que les mêmes formes d'instruction doivent être appliquées par l'un et l'autre tribunal ; nous examinerons tout à l'heure quelle est la loi applicable en cas de conflit de deux lois sur cet objet.

L'intérêt du prévenu ne naît donc que de certaines circonstances de fait, d'après lesquelles il est permis d'augurer que tel tribunal, avec la composition qu'on lui connaît, rendra telle décision plus favorable au prévenu que telle autre qu'on a tout lieu de redouter du tribunal opposé. Or, nous nous le demandons de bonne foi, est-il permis au prévenu de spéculer sur l'erreur de son juge, et doit-il lui être tenu compte de cette spéculation ? Peut-il être permis aux jurisconsultes d'ériger en argument de droit un fait toujours contestable après tout, et qu'un principe d'ordre public déclare légalement impossible. N'est-ce pas énerver le sentiment du respect dû à la justice, et surtout à la justice criminelle, que d'étaler ainsi le fait si regrettable de l'erreur qui peut se glisser dans ses décisions ?

Mais, d'ailleurs, si ce prétendu intérêt du prévenu, que nous déclarons légalement inavouable, devait suffire à lui assurer le droit d'être jugé par le tribunal compétent au jour du délit, pourquoi ne suffirait-il pas, lorsqu'il serait allégué par le prévenu, et il pourra se présenter aussi dans ce sens, pour lui assurer le droit de réclamer pour le juger les magistrats mêmes qui siégeaient au jour du délit : nul, j'imagine, ne conteste au gouvernement le droit de modifier comme bon lui semble la composition des tribunaux auxquels il délègue son droit de justice, et cependant de semblables changements peuvent porter gravement atteinte à l'intérêt du prévenu. Cet argument ne saurait donc être admis.

D'ailleurs, nous raisonnons dans l'hypothèse où la compétence, telle que la fixait la loi ancienne, se trouvait favorable au prévenu ; mais il se pourrait fort bien aussi qu'elle lui fût moins favorable que celle établie par la loi nouvelle : or, dans cette hypothèse, MM. Chauveau (Adolphe) et Faustin Hélie nous paraîtraient devoir éprouver un grand embarras ; car, d'un côté, l'ancienne juridiction, suivant eux, est seule applicable, la loi nouvelle ne pouvant rétroagir ; mais alors le principe de l'intérêt du prévenu serait méconnu, ou ne produirait plus ses effets ordinaires. Peut-être proposeraient-ils de laisser au prévenu le choix de solliciter l'application de la loi nouvelle; mais, on le comprend, ce serait faire déchoir le grand principe des juridictions des hauteurs de l'intérêt général, où il se meut exclusivement, pour l'abaisser aux caprices des coupables : autant vaudrait laisser aussi à ces derniers le choix de leurs juges.

Revenons-en donc uniquement aux principes. La vérité est que le droit de justice réside dans la nation et que, pour nous servir des expressions mêmes de MM. Chauveau (Adolphe) et Faustin Hélie le *juge naturel et véritable* de tout prévenu c'est la nation : peu importe celui ou ceux à qui elle délègue ce droit; un intérêt d'ordre public s'oppose à ce qu'on puisse admettre que ses délégataires se trompent, et tous doivent être réputés donner la même décision sur les mêmes faits : le coupable n'a donc, en droit, aucun intérêt à préférer l'une ou l'autre des juridictions instituées, puisque, toutes deux, n'ont pour règle qu'une seule et même loi à appliquer à des faits dont ils recherchent l'exactitude; il ne reste donc plus que le principe de l'effet obligatoire de la loi promulguée : et puisqu'ici elle ne rencontre aucun droit acquis, il faut bien reconnaître qu'elle s'appliquera immédiatement. C'est ce qu'a jugé en 1848 la Haute Cour devant laquelle avaient été renvoyés les coupables de l'attentat commis le 15 mai 1848 contre l'Assemblée nationale constituante; les termes de sa décision sont remarquables : « Attendu, porte l'arrêt, que « les lois de procédure et de compétence, du moment « où elles ont force d'exécution, régissent indistincte- « ment les procès nés et les procès à naître; que l'in-

« struction et le jugement des affaires, tant civiles que
« criminelles, se composant d'actes successifs, ceux de
« ces actes non consommés qui précèdent la décision
« définitive et en dernier ressort appartiennent à l'ave-
« nir et subissent, dès lors, l'empreinte des formes
« nouvelles auxquelles ils sont soumis : qu'en ce qui
« concerne spécialement la juridiction, elle n'est qu'un
« mode d'exercice de la puissance publique ; que le lé-
« gislateur étant toujours le maître de modifier cet
« exercice suivant le besoin du temps, restreindre aux
« procès non encore existants l'effet des changements
« qu'il y apporte, ce serait entraver dans sa sphère
« d'action la souveraineté nationale qu'il représente,
« consacrer l'inégalité là où un principe commun ap-
« pelle une application commune, reconnaître des
« droits acquis contre les juridictions qui sont d'ordre
« public. »   :

Mais nous avons dit que si en cette matière la loi
nouvelle doit s'appliquer le plus promptement possible, cependant on ne saurait soutenir que le jugement
seul fixe la compétence du tribunal qui le porte, et que
jusque-là toute loi modificative de la juridiction doit
recevoir son entière application. — Ici, comme plus
haut, à propos de la procédure civile, s'élève la question de savoir à quel moment de l'instance on devra
apprécier la compétence du tribunal. Merlin enseigne
qu'un tribunal régulièrement saisi de la connaissance
de certains délits au moment où une loi est portée pour
en attribuer la connaissance à une autre juridiction,
n'en sera pas pour cela dessaisi de plein droit ; c'est

ce qu'ont jugé 1° un arrêt de la Cour de cassation,
chambre criminelle, du 4 messidor an XII ; 2° un arrêt de règlement de juges du 26 mai 1806, etc. C'est
aussi ce qu'a décidé la loi du 18 janvier 1792 pour
toutes les plaintes suivies d'informations antérieures à
l'époque de l'installation de tribunaux créés par la loi
du 29 septembre 1791.

La question s'est présentée fréquemment dans la
pratique, et notamment en 1822, lorsque la loi du
25 mars de cette année a enlevé aux Cours d'assises la
connaissance des affaires de presse : tous les auteurs de
faits délictueux commis avant cette loi voulaient bénéficier des avantages du jury que leur procurait la
Cour d'assises, et à tous ceux qu'un arrêt de la chambre
d'accusation n'aurait pas renvoyés devant la Cour
d'assises, on répondit que cette Cour n'était pas saisie,
et qu'en conséquence la loi nouvelle qui lui enlevait
la connaissance de ces délits devait recevoir son entière
application. Arrêt de rejet du 10 mai 1822, Cour de
Cassation, section criminelle.

Cette opinion nous paraît fort raisonnable, elle
concilie dans une juste mesure, nous semble-t-il, les
intérêts du justiciable qui a droit à ce qu'aucun moment
ne soit perdu, et la nécessité d'appliquer la loi nouvelle
le plus promptement possible. Nous n'avons pas à dire
par quel acte au juste les différents tribunaux criminels
se trouvent saisis ; nous venons de voir que la Cour
d'assises ne l'est régulièrement que par l'arrêt de renvoi
de la chambre d'accusation ; ajoutons que la Haute
Cour est saisie par un décret de l'Empereur, et le tri-

bunal correctionnel, soit par le renvoi que fait devant
lui le juge d'instruction, soit par la citation directe
émanée du procureur impérial de son ressort, soit par
la citation directe des parties civiles, soit enfin en matière forestière par l'action de certains préposés.

Nous venons de voir quel est l'effet, quant à la compétence des tribunaux civils et criminels, d'une loi qui
modifie les attributions anciennes de juridiction, lorsque cette loi modificative ne se sera pas expliquée sur
le sort soit des procès pendants, soit des poursuites
criminelles dont la cause lui est antérieure; mais il est
clair que si elle contient à cet égard une disposition
spéciale, on devra la respecter, quelle que soit sa décision : elle pourra conserver à tous les procès intentés
comme à toutes les poursuites commencées la juridiction devant laquelle la loi ancienne les renvoyait, loi du
18 janvier 1792, art. 7, Code de procédure civile,
art. 1041 ; et, à l'inverse, elle pourra, pour des raisons dont seul le législateur est juge, enlever les affaires criminelles déja portées à l'audience, à la juridiction qui aurait dû en connaître. Nous avons, en effet,
établi que le prévenu ne saurait avoir de droit acquis à
cet égard; c'est ainsi que les lois du 18 pluviôse, des 9
et 23 floréal an X, créant des tribunaux criminels spéciaux, ont voulu qu'ils connussent des affaires commencées devant les tribunaux ordinaires, et ont ainsi
enlevé aux prévenus le concours des jurés que leur
assuraient les tribunaux ordinaires.

Toutefois nous sentons le besoin de repousser une
pensée qu'on viendrait peut-être à nous supposer.

Nous ne voulons point dire en effet par là, que le gouvernement conserve le droit de créer des commissions spéciales pour juger tous les crimes dont le châtiment ou l'impunité lui paraîtraient intéresser la politique. Non : de pareils actes sont odieux et ne sauraient jamais être assez flétris : nous parlons d'une loi, c'est-à-dire d'un acte de la nation tout entière, et d'une loi modifiant les attributions antérieures de juridiction, c'est-à-dire constituant pour l'avenir, et sans acception de faits ou de situation particulière, des juridictions chargées de juger tous les faits de même nature : cela suffit, nous semble t-il, pour écarter tout soupçon.

§ 2.

DES FORMES DE PROCÉDURE.

1° *Procédure civile.* — Nous avons eu précédemment occasion de dire que la forme des actes est déterminée par la loi en vigueur au moment où ces actes sont accomplis. Cette règle est un principe dont l'évidence ne saurait être contestée, et nous n'avons pas besoin de dire que, admis de tout temps, il est répété encore aujourd'hui par tous les auteurs qui ont traité ces matières : Justinien disait dans sa loi 29 *in fine C. de Test.* : « *Quid « enim antiquitas peccavit quæ præsentis legis inscia « pristinam secuta est observationem ?* » M. Dalloz semble traduire cette phrase du grand empereur du Bas-Empire, lorsqu'il dit dans son Répertoire, v° *Lois,* n° 248 : « Est-ce la faute des contractants s'ils n'ont pas

« entouré leurs conventions de formalités extérieures
« qu'ils ignoraient? n'ont-ils pas dû se fier aux pro-
« messes du législateur, qui, sans le secours de ces for-
« malités, leur assurait le droit de prouver et de faire
« exécuter l'obligation? »

La loi nouvelle ne pourra donc, en aucun cas, reprocher à un acte la forme dans laquelle il a été
fait, si cette forme est celle qu'indiquait la loi du
temps où cet acte a eu lieu : ce principe intéresse à un
haut degré la sécurité des citoyens qui, sans lui, n'auraient aucun moyen de mettre leurs conventions à l'a-
bri des modifications que le progrès des temps et des
civilisations peut rendre nécessaires.

Tel est le principe : voyons quelques-unes de ses conséquences :

a. Si nous recherchons la raison pour laquelle des
formes sont imposées aux actes que nous accomplissons,
nous voyons que ces formes ont souvent deux buts : elles
sont, en effet, fréquemment exigées comme une condition de validité pour le contrat qu'elles manifestent, mais
elles sont surtout destinées à en faire la preuve. On peut
dire même qu'à elles seules est abandonné le soin de cette
preuve, sans laquelle, au fond, toutes les conventions
pourraient devenir illusoires. Or, si c'est uniquement
la loi du temps où l'acte est accompli qui en détermine
les formes, il est clair que c'est à cette loi aussi qu'il
faudra demander le mode de preuves à exiger à l'appui
d'une convention dont on allègue l'existence : la loi
qui en a réglé les formes l'avait fait en vue de sa
preuve en un temps ultérieur, et, en la dispensant de

telles ou telles formes, avait admis pour sa preuve tels ou tels moyens particuliers auxquels du jour du contrat les parties ont eu un droit acquis et inviolable. Au fond de toutes les questions de preuve, s'agite donc à proprement parler une question de forme ; et voilà pourquoi nous avons renvoyé dans le cours de ce travail à nous occuper ici dans un même paragraphe de la force probante et en général de la preuve des contrats.

D'ailleurs peu de difficultés ont été soulevées sur cette question de preuve, tous les auteurs sont d'accord pour laisser à la loi de la confection d'un acte le droit de décider souverainement si telle ou telle preuve est admissible : cela a été ainsi jugé pour le dépôt par arrêt du 13 octobre 1808, Cour de cassation. On a décidé également que cette loi devait seule déterminer la foi due aux formes employées en exécution de ses dispositions, qu'ainsi, un acte synallagmatique quoique non fait double, n'en serait pas moins valable si, au temps de sa confection, il n'existait pas de règle analogue à celle de l'article 1325, Cassation du 17 août 1814. Un arrêt de la Cour de cassation de Bruxelles, du 24 novembre 1819, a, en vertu de la même règle, accordé foi entière à la copie délivrée par un notaire d'une procuration qui n'était pas restée annexée à la minute de l'acte pour lequel elle avait été donnée, ni déposée chez le notaire ; tel était en effet l'usage du temps où la copie avait été délivrée ; et à ceux qui contestaient la valeur de la preuve formée par cette copie, la Cour a fort sagement répondu, « que l'admissibilité ou l'inad-

« missibilité d'une preuve forme un point nommé en
« droit, *decisorium litis ;* d'où il suit que ce n'est pas à
« la loi du temps où s'exerce l'action qu'il faut s'ar-
« rêter, mais à celle du temps où se sont passés les
« faits qui sont la source de l'action. » C'est ainsi qu'on
validera la donation mutuelle faite entre époux, par le
même acte avant le Code, malgré la disposition formelle de l'article 1097 qui le défend aujourd'hui (1).

Terminons ce rapide aperçu sur la force probante
des actes, en citant encore comme exemple de la règle
que nous avons posée, ce que dit M. Demolombe à
propos du testament (nous avons d'alleurs déjà traité
cette question spéciale). « Je ne crois pas que la loi nou-
« velle sur les formes du testament soit applicable au
« testament antérieur à sa promulgation.

« Le testament est consommé quant à la forme.

« Or, la conséquence directe et immédiate de la
« forme une fois accomplie, c'est la preuve légale qui
« en résulte, c'est la manifestation solennelle et pro-
« bante des volontés du testateur. Dans cette consé-
« quence, cet effet doit être immédiatement acquis
« par le fait même de la confection du testament.

On a essayé de soutenir qu'ici le légataire n'ayant
aucun droit acquis, mais une simple expectative toujours révocable, la loi nouvelle pouvait bien sans rétroactivité s'appliquer au testament antérieur ; mais
on oubliait que si le légataire n'a pas ici de droit acquis,
le testateur en a un qu'on ne peut lui enlever : c'est

(1) Merlin, *Rép.*, v° *Effet rétroact*, sect. III, § 3, art. 1, n° 2.
(2) Tom. I, n° 49.

celui de conserver le testament, qu'il a valablement fait (1).

Celui qui dans la force de l'âge et de la raison a pris ses dernières dispositions a fait un acte de prudence et de sagesse dont une loi nouvelle relative à la forme des testaments ne doit pas lui enlever le bénéfice. La liberté de tester et la faculté de changer ou de refaire ses dispositions testamentaires ne durent pas en fait pour toute personne jusqu'à la fin de sa vie. Pendant les dernières années l'intelligence s'obscurcit souvent, et la volonté s'affaiblit. Le législateur qui change la forme des testaments devrait au moins dans tous les cas s'arrêter devant ces obstacles de fait, mais ce serait une source infinie de difficultés ; et il vaut mieux maintenir tous les testaments dont la confection est antérieure au changement de législation.

C'est dans un même esprit, et par application du même principe, que l'avis du Conseil d'État du 4e complémentaire an XIII a décidé que les grosses des contrats délivrées avant le 28 floréal an XII pourraient être exécutées dans leur texte original et sans qu'il soit besoin d'y ajouter la formule exécutoire créée par le sénatus-consulte de cette date.

Remarquons en terminant que de ce que la loi nouvelle ne s'applique jamais aux actes qui lui sont antérieurs, elle ne saurait rendre probant un acte auquel la loi ancienne refusait ce caractère. C'est ainsi, comme nous l'avons dit précédemment, que dans le pays où la loi du

____

(1) Toullier, t. V, n° 382.

14 C., *De non numerata pecunia*, était en vigueur tous ceux qui avaient le droit d'invoquer l'exception qu'elle avait introduite le conservèrent malgré la publication du Code qui rendait à la reconnaissance délivrée par l'emprunteur le caractère probant que lui refusait la loi 14 ci-dessus.

Mais nous devons nous garder de confondre les éléments de preuve des faits ou des conventions avec les formalités observées pour la mise en œuvre de ces éléments divers : par exemple une fois admis en effet qu'on pourra dans telle espèce donnée recourir à la preuve testimoniale, cette preuve, quant à la mise en œuvre, à son accomplissement, sera soumise à des formes particulières, et alors, à proprement parler, se posera une question de procédure dont nous allons nous occuper dans une seconde division.

b. Les procédures, comme le dit Merlin (1), étant d'une nature successive, appartiennent au passé et à l'avenir, la loi nouvelle promulguée au milieu d'une procédure commencée trouve des actes accomplis et des actes à accomplir. Un lien de dépendance et en quelque sorte de déduction enchaîne ceux-ci à ceux-là, mais enfin les procédures sont un composé d'actes individuels complets et suffisants et ayant une existence propre. Or, nous savons que tout acte est soumis quant à la forme à la loi sous laquelle il est accompli, d'où nous avons déjà conclu qu'il n'est soumis qu'à cette loi et qu'une fois régulièrement accompli suivant

____

(1) *Loc. cit.*, sect. III, § 7.

les prescriptions de sa loi d'origine, il est inattaquable et doit produire tous les effets que lui promettait la loi sous l'empire de laquelle il a été fait.

Ces quelques règles suffisent, ce nous semble, à résoudre tous les problèmes qui ont été posés en cette matière.

L'empire de la loi nouvelle se trouve donc circonscrit et limité dans les termes suivants : respect du passé, pouvoir absolu sur l'avenir. Son pouvoir sur l'avenir nous paraît suffisamment justifié par ce qui précède, mais nous pourrons y ajouter l'autorité d'un arrêté du 5 fructidor an VII ainsi conçu : « Tout ce qui touche à l'instruction des affaires, tant qu'elles ne sont pas terminées, se règle d'après les formes nouvelles sans blesser le principe de non-rétroactivité que l'on n'a jamais appliqué qu'au fond du droit (1). » La raison nous en paraît d'ailleurs évidente, les règles de procédure n'ayant aucune influence sur le droit lui-même, mais ayant pour objet de conduire le plus rapidement et avec le moins de frais possible, le juge à la connaissance de la vérité, il serait dérisoire de ne pas se hâter d'accepter tous les progrès (et toute loi nouvelle doit être réputée en progrès sur celle qu'elle remplace), de la législation en cette matière. D'ailleurs, dans bien des circonstances, cette application immédiate des lois de procédure est une nécessité à laquelle les parties ne sauraient pas échapper. Merlin (2) le fait remarquer dans un exemple très-saillant : « Comment un héritier,

(1) *Bulletin des lois*, 3e série, n° 98.
(2) *Loc. cit.*, sect. III, §§ 6 et 7.

« dit-il, s'y serait-il pris pour accepter sous bénéfice
« d'inventaire après la loi du 7-12 sept. 1790, qui a
« aboli l'usage des lettres de bénéfice d'inventaire, une
« succession ouverte sous les lois précédentes qui pres-
« crivaient impérieusement cette formalité? Bien évi-
« demment il eût été réduit à l'impossibilité d'user d'un
« droit qui lui était acquis. » Mais si la loi nouvelle doit
régir tous les actes de procédure qui lui sont postérieurs, nous avons aussi reconnu qu'elle est tenue de
respecter tous ceux qui sont accomplis, et suivant
l'expression qui a prévalu, consommés au moment de sa
promulgation. Ceux-ci devront continuer à produire
tous les effets que la loi ancienne leur attribuait : par
application de cette idée, il a été jugé par arrêt de la
Chambre des requêtes du 15 janvier 1807, que si le
procès-verbal par lequel un tribunal s'est récusé, est
antérieur au Code de procédure, c'est à la Cour de cassation à renvoyer devant un autre tribunal ; on n'appliquera pas dans ce cas les règles nouvelles introduites
par le Code de procédure.

C'est ainsi, également, que, quoiqu'il ait été jugé par
un grand nombre d'arrêts, et notamment par arrêt de la
chambre des requêtes du 23 février 1807 (1), que les articles 1667, 1678 et suiv. du Code Napoléon, sur la forme
de certaines expertises, doivent s'appliquer à celles qui
étaient ordonnées depuis leur promulgation, même dans
des instances qui étaient antérieures à cette promulgation ; cependant il a été décidé par arrêt du 3 mai

____

(1) Dalloz, *Rép. de jurisp.*, v° Lois, n° 337, note 1.

1809, chambre des requêtes, que si la nomination des experts était antérieure à la promulgation de ces articles, comme leur mission est déterminée par le jugement qui les nomme, ils ont pu valablement se référer aux formes édictées par la loi ancienne.

Mais aux actes consommés on a opposé les actes simplement commencés, ceux qui attendent un complément sans lequel ils resteraient illusoires et impuissants, et à leur sujet s'est élevée une sérieuse controverse. Merlin (1) s'exprime ainsi : « Mais si ce ne sont que des « actes commencés, la loi nouvelle n'est pas obligée de « leur donner la suite que la loi précédente leur desti- « nait. Elle peut changer pour l'avenir la direction de « ces actes et ordonner que la procédure entamée avant « la publication sera continuée ou par d'autres of- « ficiers, ou dans une forme toute différente. » Meyer au contraire : « La procédure ne peut être un assemblage « incohérent d'actes entre lesquels il n'y aurait aucune « connexité ; elle doit, au contraire, et sa nature même « l'exige, faire dériver les actes subséquents de ceux qui « les précèdent, et dont ils ne sont que le développe- « ment ; il serait donc absurde d'introduire une nou- « velle forme dans des causes déjà pendantes, et de « déduire des premiers actes de la cause des consé- « quences qui ne pouvaient y être contenues, qui même « ne pourraient être prévues. »

Ces deux opinions sont certainement l'une et l'autre fort raisonnables, aussi faut-il chercher à les concilier

(1) *Loc. cit.*, sect. III, § 7.

plutôt qu'à les laisser ainsi se combattre l'une l'autre. Nous y sommes d'ailleurs amenés tout naturellement en profitant des leçons que nous donne la sagesse du législateur de toutes les époques : nous laisserons subsister comme règle la doctrine émise par Merlin, et qui seule est acceptable en principe, car il ne faut pas arbitrairement, et sans des intérêts sérieux, retarder l'exécution d'une loi progressive ; mais nous accorderons à Meyer que cette règle peut avoir parfois des inconvénients que le législateur fera bien d'éviter en écrivant une disposition spéciale pour cette situation particulière, et en jetant un coup d'œil sur ce qu'il a fait jusqu'à aujourd'hui à cet égard, nous ne regretterons pas de nous confier à lui pour régler ces petits intérêts dans l'avenir.

c. Justinien nous a donné l'exemple. Dans sa Novelle 115, chapitre 1, il a déclaré que les affaires portées par appel devant les tribunaux supérieurs, devraient y être instruites et jugées dans la même forme où elles l'avaient été sur première instance.

L'ordonnance de 1667, qui introduisait une procédure nouvelle, eut soin de réserver l'application des règles anciennes à tous les procès intentés avant sa promulgation.

La loi du 18 janvier 1792, art. 7, a ordonné que toutes les plaintes et accusations antérieures à l'époque de l'installation des tribunaux criminels créés par la loi du 29 septembre 1791, seraient jugées, non par des jurés, mais dans l'ancienne forme.

La loi du 26 germinal an XI, relative au divorce, a

réservé aux demandes en divorce le bénéfice des formes admises au jour de la demande.

L'article 1641 du Code de procédure criminelle est ainsi conçu : « Le présent Code sera exécuté, à dater « du 1er janvier 1807 ; en conséquence tous procès « *qui seront intentés depuis cette époque*, seront instruits « conformément à ses dispositions. » C'est réserver expressément l'application des règles anciennes à tous procès intentés avant le 1er janvier 1807.

Depuis lors la loi du 2 juin 1841, après avoir modifié les règles de la procédure de saisie, a dans son article 9 expressément statué sur la situation dont nous nous occupons.

« Les ventes judiciaires, est-il dit, qui seront com— « mencées antérieurement à la promulgation de la « présente loi, continueront à être régies par les an— « ciennes dispositions du Code de procédure civile « et du décret du 2 février 1811. Les ventes seront « censées commencées, savoir : pour la saisie immo— « bilière, si le procès-verbal a été transcrit ; et pour « les autres ventes, si les placards ont été affichés. »

Enfin la loi du 20 mai 1858 a pris les mêmes précautions en édictant dans son article 4 que « les « ordres ouverts avant la promulgation de la présente « loi, seront régis par les dispositions des lois anté— « rieures. »

Le législateur a donc eu soin de faire, lorsqu'il l'a trouvé utile, des exceptions à la règle que nous avons cru devoir admettre et que ces exceptions faites par le législateur confirment expressément. Mais en pareille ma-

tière, comme le dit M. Chabot (1), « on ne peut argu-
« menter par analogie d'un cas à un autre, puisqu'une
« simple induction ne peut suffire pour déroger à une loi
« expresse. » Cette loi c'est l'article 1 du Code civil qui
déclare les lois exécutoires dès qu'elles ont été promulguées et publiées. Nous considérerons donc toujours
comme obligatoire du moment de sa promulgation la loi
qui modifie les règles de procédure, et nous l'appliquerons à tous les procès, sans aucun retard, toutes les fois
qu'une exception formelle ne sera pas écrite dans la loi.

La loi du 2 juin 1862, qui modifie des délais en matière civile et commerciale, est complétement muette sur
le point qui nous occupe ; nous devrons donc décider
qu'elle a dû s'appliquer immédiatement à tous les procès pendants lors de sa promulgation, mais nous croyons,
conformément à ce que nous avons dit plus haut, que
l'effet de la signification d'un jugement à la date du
2 juin 1862 par exemple qui faisait courir contre le condamné un délai d'appel de trois mois devra être maintenu et que ce ne sera que par l'expiration de ce délai
que l'appel deviendra irrévocable. Voyez Bioche, journal de 1862, p. 309, art. 7788. Une opinion contraire a été
émise par le *Journal du contrôleur*, 1862, p. 269 ; mais
nous pensons qu'elle a été inspirée par un sentiment
de prudence qu'exige le point de vue pratique auquel le
journal se place toujours dans sa rédaction et qu'elle a
été donnée comme le plus sûr moyen d'éviter toute déchéance.

(1) *Questions transitoires,* au mot *Rescision,* n° 2.

2° *Instruction criminelle.* — Nous n'avons que peu de chose à dire sur l'instruction criminelle en particulier : tous les auteurs, excepté Mailher de Chassat, que nous avons réfuté plus haut, sont d'accord pour appliquer immédiatement les règles nouvelles d'instruction et de procédure, et nous ne pouvons que répéter ici ce que nous avons dit précédemment, à savoir qu'une loi qui apporte aux juges des moyens meilleurs de s'éclairer doit être accueillie sans retard et immédiatement appliquée. Les lois des 18 pluviôse et 23 floréal an X, qui créaient des tribunaux spéciaux jugeant avec des formes nouvelles et particulières pour certains délits, renvoyaient expressément devant ces nouveaux juges les affaires simplement commencées, à quelque degré d'instruction qu'elles fussent arrivées ; et M. Portalis qui présentait le rapport de la première de ces lois, disait avec grande raison, que les lois de simple instruction ont toujours régi les faits à venir. La jurisprudence est unanime pour consacrer ces principes. Voyez arrêt du 13 novembre 1835, cet arrêt est ainsi motivé : « Attendu « que l'instruction et le jugement des affaires civiles et « criminelles se composant d'actes successifs, appartien- « nent à l'avenir en tout ce qui n'est pas actuellement « consommé, et qu'ainsi, sans blesser le principe de la « non-rétroactivité les lois, qui créent des formes nou- « velles d'instruction et de jugement, lorsqu'elles n'ont « pas autrement disposé, règlent par ces formes et sou- « mettent à leur empire les affaires qui n'ont pas « encore subi l'épreuve d'un jugement définitif... »

Tout en étant d'accord avec nous sur le principe,

M. Dalloz propose une exception pour le cas où la juridiction qui devrait connaître du délit qui lui était déféré a continué de fonctionner, sinon pour ce délit spécial, au moins pour des délits de droit commun. Il ne
faut pas, dit-il, « qu'une loi puisse jamais être consi-
« dérée comme un acte de vengeance : ce n'est qu'au
« cas où la loi nouvelle présente des garanties plus
« grandes à la défense que l'invocation à la loi ancienne
« ne saurait être écoutée. »

Nous ne pouvons laisser passer ces paroles sans une
protestation. Nous n'admettons pas l'exception proposée par M. Dalloz, parce que nous ne croyons pas que
jamais une loi puisse mériter les soupçons qu'il imagine ; et surtout nous tenons à dire qu'une loi nouvelle
doit toujours être réputée avoir trouvé un meilleur
équilibre des droits de la défense et de ceux non moins
sacrés aussi de l'accusation, comme aussi de meilleures
garanties pour l'un et l'autre de ces droits ; il n'appartient
pas au juge de juger la loi, et quand oserait-il dire que
la loi nouvelle lui paraissant plus hostile à l'accusé il
admet celui-ci à bénéficier encore de la loi ancienne ?
Ne serait-ce pas une injure à la dignité et à la sagesse
du législateur (1) ?

Cependant ici, comme en matière civile, le législateur
a cru devoir parfois faire des exceptions à cette règle :
c'est ainsi que la loi du 18 janvier 1792 a conservé le
bénéfice des formes anciennes aux plaintes et accusations qui lui étaient antérieures ; mais ces exceptions ne

(1) Merlin, *loc. cit.* sect. III, § 7 ; Zachariæ, Aubry et Rau, t. I,
p. 55.

se présentent que rarement : le décret du 23 juillet 1810 sur la mise en activité du Code criminel, a soumis, au contraire, toutes les affaires commencées à l'application du nouveau Code, et depuis lors il en a été de même, de presque toutes les lois modificatives.

§ 3.

DES JUGEMENTS.

1° *Procédure civile*. — Lorsque deux personnes diffèrent d'avis sur l'interprétation de la convention intervenue entre elles et viennent demander au juge de trancher leur différend, elles acceptent ou sont censées accepter, sous toutes les réserves de droit, et dont nous parlerons dans un autre paragraphe, la décision à intervenir ; si elles ne font pas un compromis exprès, la loi le sous-entend, et chacune des parties promet de se soumettre à la décision qui sera rendue : le jugement n'est donc au fond qu'une sorte de nouveau contrat, et cela a été admis, à tel point qu'il a été soutenu que ce contrat opère novation du premier et se substitue complétement à lui. Cette idée était connue des Romains : nous la trouvons exprimée au § 11 de la loi 3, Dig., *De peculio*, en ces termes : « Ut in stipulatione contrahitur ita judicio contrahi. » Elle avait eu pour résultat de faire considérer comme personnelle l'*actio judicati* donnée à la partie pour le faire exécuter (1).

Les jugements, quant à leur forme, sont donc soumis

______
(1) Voet, *De rejudicata*, n° 30.

à toutes les règles que nous venons d'exposer dans le paragraphe qui précède ; c'est la loi de l'époque de leur rédaction qui détermine la forme qui doit leur être donnée, la foi qui devra leur être due à tout jamais, et le mode de preuve d'après lequel on pourra constater leur existence.

Quant au fond, puisque ce sont des actes assimilables à des contrats, ils sont et demeurent toujours soustraits à l'atteinte d'une loi postérieure. Dans son omnipotence, le législateur conserve cependant le droit d'annuler les jugements régulièrement rendus, comme il l'a fait par l'article 3 de la loi du 28 août 1792, au profit des communes dépouillées par jugement de la propriété des biens dont elles avaient eu anciennement la possession *animo domini*. Mais, on le comprend assez, c'est là un de ces actes extrêmes que le législateur ne doit accomplir qu'à regret, et seulement dans des situations où un puissant intérêt général, une sorte de nécessité sociale peut l'excuser : sa décision à cet égard ne devra donc être appliquée qu'avec une très-grande réserve.

Il nous semble même que, dans un pays où le pouvoir constituant et le pouvoir législatif seraient distingués, le corps investi du seul pouvoir législatif n'aurait pas le droit d'attenter à l'inviolabilité de la chose jugée.

C'est dans cet esprit que la Cour de cassation, par de nombreux arrêts, dont le dernier est du 5 février 1812, a refusé d'appliquer aux créances reconnues par jugement avant le décret du 17 mai 1808, l'article 4 de ce décret odieux, qui spoliait toute une classe religieuse au profit de débiteurs qui pouvaient être de mauvaise foi, organisait ainsi une sorte de persécution intime, mais efficace, contre des citoyens qu'il suffit de surveiller et de contenir, et ravivait des rivalités sourdes mais d'autant plus dangereuses entre les partisans des divers cultes. On se rappelle que ce décret soumettait les juifs, qui se disaient créanciers, à justifier qu'ils avaient réellement compté les espèces à leur débiteur, et le décret déclarait cette disposition applicable au passé comme à l'avenir (1).

Ajoutons, ainsi que nous l'avons déjà dit plus haut en traitant des lois rétroactives, que tout cela s'applique aussi bien aux jugements rendus en premier ressort, qu'aux jugements de dernier ressort ; la raison en est que le jugement crée un nouveau droit, donne à l'obligation une nouvelle cause, ou du moins une origine nouvelle, et que le juge du dernier ressort examine si le premier jugement est exact, et ne le réforme qu'autant que, déjà, il eût dû être différent au jour où il a été rendu.

Nous avons admis, en traitant des lois interprétatives, et de celles qui rectifient les erreurs matérielles de la loi existante, que les dispositions nouvelles de ces lois devaient recevoir une application immédiate ; cependant, on ne pourra pas en prendre prétexte pour modifier les jugements précédemment rendus et passés en force de chose jugée. Ces jugements sont inattaquables. Nous devons, au contraire, faire une distinction pour les jugements frappés d'appel ou qui ont été l'objet d'un

____

(1) Comp. art. 4 et art. 13 dudit décret.

pourvoi, car le juge d'appel, ou celui du pourvoi en Cassation sera tenu d'appliquer la loi interprétative nouvelle, tandis que, en vertu des principes que nous venons d'exposer ci-dessus, il devra maintenir l'application régulière qui a été faite d'une loi qui n'en était pas moins obligatoire, malgré ses erreurs, jusqu'à la réformation dont elle a été l'objet.

Nous avons dit que la forme des jugements, soit pour leur validité, soit pour la preuve qui en doit être faite, est uniquement déterminée par la loi de l'époque de leur rédaction. Ajoutons que c'est cette loi aussi qui décide s'ils doivent être réputés contradictoires, ou par défaut, préparatoires, interlocutoires ou définitifs ; c'est elle aussi qui détermine les effets qu'ils devront produire et l'autorité qui devra leur être reconnue : la loi postérieure n'aura à cet égard aucune influence sur les jugements déjà rendus ; c'est ainsi que l'on a jugé que l'article 643 du Code de commerce, qui a étendu aux jugements par défaut des juridictions commerciales, la péremption édictée par l'article 156 du Code de procédure civile contre les jugements par défaut, non exécutés dans les six mois, n'est pas applicable aux jugements antérieurs rendus par défaut par les tribunaux de commerce (1).

Les jugements conserveront à toujours la force probante que leur attribue la loi sous l'empire de laquelle ils ont été rendus ; mais il est clair qu'à l'inverse, les modifications postérieures de cette loi ne pourraient

(1) Arrêt de Bordeaux du 26 janvier 1811, et Cass., 13 novembre 1815.

purger un vice qu'elle aurait déclaré irrémédiable, comme si, par exemple, le jugement n'était pas signé du greffier alors que la loi l'exige à peine de nullité : ce serait en vain qu'une loi nouvelle viendrait supprimer la nécessité de cette formalité, le jugement n'en demeurerait pas moins à toujours invalide.

2° *Instruction criminelle*. — Nous n'avons rien de particulier à dire ici : les principes que nous venons d'exposer au sujet de la procédure civile sur la perpétuité de la forme probante et l'inviolabilité des effets des jugements, s'appliquent également ici. C'est aussi la loi de l'époque du jugement qui en détermine les formes solennelles : et là, comme pour le jugement, en matière civile, il faut un acte exprès et très-formel du pouvoir souverain, pour suspendre ou anéantir l'effet d'un jugement régulièrement rendu (1). Cependant nous avons déjà fait remarquer que dans le cas très-exceptionnel où une condamnation aurait été portée en vertu d'un texte de loi erroné, il y aurait lieu à le reviser aussitôt que l'erreur aurait été rectifiée.

§ 10.

MODE D'EXÉCUTION DES JUGEMENTS.

De même que nous avons décidé plus haut que celui à qui la loi a reconnu un droit et donné une action, ne peut légitimement prétendre ne l'exercer que de la

______

(1) Merlin, *loc. cit.*, § 11 ; Dalloz, *Rép.*, v° Lois, n° 74.

manière établie par la loi au moment où son droit a
pris naissance et que nous avons décidé que cet exercice est soumis à toutes les conditions de forme et de
compétence qu'il plaît à la loi de lui imposer ; de
même celui à qui la justice a reconnu un droit et permis de l'exécuter, ne doit pas être admis à prétendre
user de tous les modes d'exécution établis au jour où il
a obtenu jugement, si depuis lors quelques-uns d'eux
ont été supprimés. Cette exécution est, en effet, une
seconde procédure qui vient après la première, mais qui,
comme elle, est soumise à tous les changements qu'il
plaît au législateur. Hâtons-nous même de dire qu'ici
tout est considéré comme forme, parce qu'il ne s'agit
plus de rendre une décision, mais bien de l'exécuter,
et les mesures même les plus restrictives des droits
des parties, sont comme de simples formalités accordées
ou retirées au créancier par les lois qui se succèdent
depuis l'obtention de son jugement.

C'est ainsi qu'il a été jugé par arrêt de cassation du
8 février 1813, que la femme normande qui pouvait
autrefois se faire envoyer en possession de son lot à
douaire, ne le peut plus sous le Code Napoléon et doit
employer la procédure de l'expropriation ; et par arrêt de
Paris, du 2 août 1808, qu'il n'y a aucune rétroactivité
à arrêter, en vertu de la loi du 10 septembre 1807, un
étranger pour une dette contractée avant cette loi : le
pourvoi formé contre cet arrêt a été rejeté le 22 mars
1809.

La raison de cette règle, qui peut paraître un peu
rigoureuse, nous semble résider dans une pensée d'in-

térêt général et d'ordre public : les relations qui existent entre les créanciers et les débiteurs, nous paraissent intéresser la société à un haut degré : la sécurité des relations financières soit commerciales, soit civiles, est un des plus grands éléments d'ordre et de repos pour une cité, et il importe à un bon gouvernement de la maintenir par tous les moyens possibles. Toutes les fois que dans cet intérêt il resserrera les liens qui enchaînent le débiteur, sa volonté à cet égard devra s'exécuter sur-le-champ, parce qu'elle est protectrice d'un intérêt social des plus impérieux. D'ailleurs, on peut et on doit dire que c'est sans aucune rétroactivité véritable qu'il en est ainsi. Celui qui doit peut-il prétendre qu'il a un droit acquis à n'être pas contraint à payer de telle ou telle manière? D'où lui viendrait-il? De la loi antérieure qui édictait un mode d'exécution moins rigoureux, et de ce qu'il a compté en empruntant qu'il ne serait pas poursuivi d'une autre manière pour le paiement qu'il a promis? Autant vaudrait dire qu'il a emprunté avec l'intention de ne jamais payer, et l'on comprend aisément que ce langage ne le rend pas digne de faveur.

Toutefois disons ici encore que si telle est la règle, le législateur peut y faire telle exception que bon lui semble; et c'est ce qu'a fait la loi du 24 ventôse an V, en remettant la contrainte par corps en vigueur, elle a soustrait les dettes contractées antérieurement et sous l'empire de lois qui ne la permettaient pas.

Quant à la procédure même de ces différents modes d'exécution dont nous venons de voir que la détermination appartient à la loi du temps de l’exécution, il n’est pas douteux qu’elle ne soit soumise à la loi nouvelle : la cour de Bruxelles, par arrêt du 13 avril 1811, a jugé que pour exécuter dans le Code un jugement qui lui est antérieur, il faut observer les formalités de ce Code : « Attendu, est-il dit dans cet arrêt, que l’exécution d’un « jugement constitue une nouvelle procédure dont les « formes substantielles sont régies par les lois actuel- « lement existantes. » Une décision semblable a été rendue par la Cour de Paris à propos d’une procédure de contrainte par corps le 7 avril 1807.

Enfin il a été jugé que bien que sous l’ancienne loi le contrat en forme authentique ne fût exécutoire qu’après un jugement contre les héritiers du débiteur, cependant un pareil contrat antérieur au Code deviendrait exécutoire sous son empire, conformément à l’article 877, huit jours après la signification faite aux héritiers.

2° *Instruction criminelle.* — En matière pénale l’exécution dont nous avons à parler diffère un peu de l’exécution en matière civile : quand, en effet, une peine a été prononcée, le pouvoir social la fait exécuter, et elle exige directement du coupable le paiement de cette dette ; au contraire, en matière civile, ce n’est que par des moyens indirects qu’on obtient le paiement : il n’y a donc pas ici d’exécution dans le sens où ce mot est pris en procédure civile ; il n’y aurait qu’un paiement en exécution de la peine. Or, comme nous nous sommes déjà occupé de l’exécution de la peine, nous n’avons qu’à renvoyer ici aux règles que nous avons posées plus haut.

§ 5.

RÉFORMATION DES JUGEMENTS.

Nous avons dit précédemment que c'est à la loi du jour où le jugement est rendu, à décider s'il est contradictoire ou par défaut ; c'est donc aussi à cette loi de décider s'il est susceptible d'opposition, d'appel ou de tout autre mode de réformation, « attendu, dit « un arrêt de cassation du 15 mai 1821, que ce sont « les lois du jour où le jugement est rendu qui en « fixent la nature et règlent les voies et les délais pour « l'attaquer. »

Nous savons, en effet, que le jugement rendu par le tribunal, n'est à peu près que l'expression d'un contrat nouveau intervenu entre les parties ; or il est clair qu'en acceptant la décision du juge, elles ne l'ont fait, chacune en ce qui la concerne, que sous la réserve du droit, que la loi leur offrait, d'épuiser une certaine échelle de juridiction pour tenter d'en obtenir la réformation. Du jour où ce contrat intervient, il y a donc droit acquis pour celle des deux parties qui se trouve y avoir intérêt à proposer à la justice la cause de nullité de rescision ou de réformation qu'elle prétend exister (1). Nous savons que M. Mayer, appliquant le principe de Bartole, prétend qu'il n'y a là qu'une simple faculté révocable par la loi ; mais nous lui répondons avec Merlin (2) qu'il y a là plus qu'une

(1) Demolombe, t. I, n° 54.
(2) *Loc. cit.*, sect. III, § 3, art. 1, n° 3.

faculté légale ; qu'une espèce de contrat est intervenu et qu'il a pour résultat de rendre le droit inaliénable.

Une loi nouvelle ne peut donc effacer le vice dont était originairement entaché un jugement, ni supprimer le mode de recours auquel il était soumis.

Par la même raison, la loi qui créerait un nouveau mode de recours contre les décisions judiciaires, ne s'appliquerait pas aux jugements qui lui seraient antérieurs (1).

Une loi peut-elle réformer un jugement ? Nous devons répondre affirmativement, puisque nous avons admis qu'elle pourrait le considérer comme non avenu et le supprimer ; mais en admettant cette opinion, nous avons fait remarquer que c'est là un fait exceptionnel et un véritable abus de pouvoir, dont le législateur ne doit pas légèrement se rendre coupable. Nous croyons pouvoir ajouter, en thèse générale, que ces réflexions et réserves s'appliquent aussi bien au cas de réformation, qu'à celui d'annihilation, de suppression d'un jugement ; un jugement en principe ne doit être réformé que par un jugement, l'autorité judiciaire est sœur de l'autorité législative, elle lui est égale, et la séparation de ces deux autorités est un principe d'ordre qui intéresse à un haut degré la bonne administration d'un État.

2° *Instruction criminelle.* — Nous ne voyons rien à dire de particulier sur cette matière du Code d'instruction criminelle. Les principes que nous venons d'expo-

____

(1) Arrêt des 21 fructidor an IX et 2 juin 1806.

ser s'appliquent tous, croyons-nous, aux jugements criminels pour lesquels, plus encore, s'il est possible, que
pour les jugements d'intérêt pécuniaire, nous devons
reconnaître et protéger le droit du condamné à employer tous les modes de réformation, qui lui sont offerts
par la loi de sa condamnation.

TABLE DES MATIÈRES

Préface.   1
Introduction.   3
De la promulgation et de la publication des lois   3

PREMIÈRE PARTIE.

PRINCIPES DE LA MATIÈRE.

CHAPITRE I.

Idées générales.   17

CHAPITRE II.

Droit romain.   32

CHAPITRE III.

Droit ancien, droit intermédiaire.   37

CHAPITRE IV.

Droit actuel.   40
Caractère du principe de la non-rétroactivité des lois.   40
Lois politiques.   42
Lois intéressant les bonnes mœurs et l'ordre public.   43
Lois de procédure, lois de compétence et lois pénales favorables.   44
Lois qui modifient la capacité. . . . .   id.
Lois qui statuent sur les voies d'exécution.   45

270   TABLE DES MATIÈRES.

Lois qui déterminent l'existence des droits et lois qui déterminent les
    manières d'acquérir.. 46
Lois interprétatives.. 49
Qu'est-ce qu'un droit acquis... 51
Qu'est-ce qu'une expectative... 53
Lois qui déterminent la forme extérieure des actes et les moyens de
    preuves... 57
Effets des lois nouvelles sur les jugements et sur les transactions...... 59

DEUXIÈME PARTIE.

APPLICATION DES PRINCIPES GÉNÉRAUX.

CHAPITRE I.

Lois réglant l'état et la capacité des personnes...................... 65
    § 1. De l'état des personnes...................................... 66
    1º L'état de sujet ou de regnicole.............................. 67
    2º Condition d'étranger... 69
    3º État d'époux... 70
Divorce.. 72
    4º État de père et d'enfant..................................... 76
    5º État de mort civilement...................................... 81
    § 2. De la capacité des personnes................................ 82
    1º Puissance paternelle... 83
    2º Puissance maritale... 85
    3º Tutelle.. 88
    4º Majorité, minorité... 89
    5º Interdiction, conseil judiciaire............................. 91

CHAPITRE II.

Lois réglant la matière des droits réels............................. 95
    § 1. De la distinction des biens................................ id.
    § 2. De la propriété et de ses démembrements.................... 100
    § 3. De la prescription... 107
    § 4. Droit de gage.. 118
Gage général.. id.
Gage spécial.. 121
    § 5. De l'hypothèque.. 123

CHAPITRE III.

Lois sur les successions.   134

  § 1. 1º Ouverture de la succession.   135

      2º Attribution de la succession.   140

      3º Partage.   141

      4º Rapport.   143

  § 2. Testaments.   147

      1º Formes des testaments.   149

      2º Quotité disponible.   151

Substitutions fidéicommissaires.   152

      3º Capacité du testateur.   153

      4º Capacité du légataire.   158

CHAPITRE IV.

Lois concernant les contrats ou les causes d'obligations.   162

  § 1. Développements.   163

      1º Conditions essentielles à l'existence et à la validité d'un contrat.   id.

      2º Formalités et modes de preuve.   166

      3º Effets de contrats.   169

      4º Moyens de réparer les vices d'un contrat annulable.   173

      5º Extinction des obligations.   174

  § 2. Applications spéciales.   175

      1º Contrats des mariages. . . . .   id.

      2º Examen de quelques questions controversées que font naître diffé-
      rents contrats.   179

APPENDICE.

Donations entre-vifs.   187

TROISIÈME PARTIE.

CHAPITRE I.

Droit pénal.   195

  § 1. De la peine.   196

  § 2. Influence d'une loi nouvelle ayant pour objet le mode d'exé-
  cution des peines.   205

272   TABLE DES MATIÈRES.

§ 3. Effet d'une loi nouvelle sur les condamnations déjà portées....   207
§ 4. De la prescription......................   219

CHAPITRE II.

Procédure et instruction criminelle.................................   225
§ 1. Compétence ou attribution de juridiction....................   229
§ 2. Des formes de procéder................................   243
§ 3. Des jugements...................................   257
§ 4. Mode d'exécution des jugements.....................   261
§ 5. Réformation des jugements..........................   268

FIN DE LA TABLE DES MATIÈRES.

CORBEIL. — Imprimerie de CRÉTÉ

9 782329 022956